ANCESTRAIS DO FUTURO

GRAZI MENDES

ANCESTRAIS DO FUTURO

Qual a mudança que
seu movimento alcança?

Benvirá

- A autora e a editora se empenharam para citar adequadamente e dar o devido crédito a todos os detentores de direitos autorais de qualquer material utilizado neste livro, dispondo-se a possíveis acertos posteriores caso, inadvertida e involuntariamente, a identificação de algum deles tenha sido omitida.

- Direitos exclusivos para a língua portuguesa
  Copyright ©2024 by
  Benvirá, um selo da SRV Editora Ltda.
  Uma editora integrante do GEN | Grupo Editorial Nacional
  Travessa do Ouvidor, 11
  Rio de Janeiro – RJ – 20040-040

- **Atendimento ao cliente: https://www.editoradodireito.com.br/contato**

- Reservados todos os direitos. É proibida a duplicação ou reprodução deste volume, no todo ou em parte, em quaisquer formas ou por quaisquer meios (eletrônico, mecânico, gravação, fotocópia, distribuição pela Internet ou outros), sem permissão, por escrito, da **SRV Editora Ltda.**

- Capa: Tiago Dela Rosa
  Diagramação: Negrito Produção Editorial
  Ilustração de capa: Suiane Souza

- **DADOS INTERNACIONAIS DE CATALOGAÇÃO NA PUBLICAÇÃO (CIP)
  VAGNER RODOLFO DA SILVA – CRB-8/9410**

M538a   Mendes, Grazi
Ancestrais do futuro: qual a mudança que seu movimento alcança? / Grazi Mendes. – São Paulo: Benvirá, 2024.

216 p.
ISBN: 978-65-5810-118-5 (Impresso)

1. Administração. 2. Liderança. I. Título.

	CDD 658.4092
2023-2883	CDU 65.012.41

Índices para catálogo sistemático:
1. Administração: Liderança   658.4092
2. Administração: Liderança   65.012.41

*A vida era um tempo misturado
do antes-agora-depois-e-do-depois-ainda.
A vida era a mistura de todos e de tudo.
Dos que foram, dos que estavam sendo e dos que viriam a ser.*

Conceição Evaristo

Sumário

Prefácio IX

Introdução XIII

1. Auscultar a si 1
2. Ancestrais do futuro 23
3. Esperar não é saber 31
4. Debaixo das letras douradas do propósito 55
5. O seu cuidado, o seu cuidar 63
6. Sonhar é também uma tecnologia ancestral 93
7. Diversidade, pluralidade, multiplicidade 105
8. Pessoas não são recursos 123
9. Desconforto criativo 139
10. Ouça longe 145
11. Tecnologias não nascem, são criadas 153

12. É urgente avançar 165
13. Erga sua voz 171
14. Crie para as margens, solucione para o mundo..... 175

Conclusão: Escrever futuros.. 187
Agradecimentos 191

Prefácio

Antes de começar a leitura de *Ancestrais do futuro*, sugiro que você pegue um lápis e se prepare para grifar frases e parágrafos inteiros, desenhar exclamações, corações e balõezinhos preenchidos com "Eu também!". Este é um daqueles livros que pedem para deixarmos nossas marcas, porque ele nos marca. Você vai querer somar sua voz ao sotaque mineiro de Grazi Mendes – mulher negra, executiva que tem brilhado nos palcos e nas salas de aula como palestrante, pesquisadora, formadora, líder e uma das 100 futuristas afrodescendentes mais influentes do mundo.

O livro está indexado como "administração; liderança", mas não se surpreenda se o encontrar misturado em outras prateleiras literárias. O texto tem um tom biográfico, com relatos de vivências familiares, escolares, acadêmicas e profissionais atravessadas pelo racismo e por estratégias que Grazi vem criando, desde menina, para se ver no futuro.

Suas escrevivências, em cada capítulo, acordam "sonos injustos", como aprendido com a ancestral-viva Conceição Evaristo, citada em várias passagens. Grazi convoca espectadores e autores de discriminações à ação com uma pergunta assertiva: "Qual a mudança que sua caneta alcança?". Ou, ainda, "Qual a mudança que sua caneta alcançará?".

O livro é resultado de pesquisas e dezenas de conferências e formações que a autora realizou. Ao organizar os conceitos, as referências bibliográficas e orais, as anotações de suas cadernetas, apresentações, vídeos e dissertação, bem como propor ações práticas, Grazi freia processos de invisibilização e apropriação dos saberes e fazeres negros.

O conceito de "tempo espiralar", que aprendi com a intelectual Leda Maria Martins, em sua obra *Performances do tempo espiralar: poéticas do corpo-tela* (2021), ganha força nos relatos de Grazi Mendes, ao articular passado-presente-futuro, por exemplo, com o tema "cabelo" em diferentes tempos da sua vida: ora por amansar os fios para driblar o racismo, ora nas tramas e tranças da transição capilar, ora como coroa e referência para outras meninas-mulheres.

Sua escrita marcada pela oralidade nos encoraja a visitar nossas memórias, entender como chegamos até aqui e qual legado queremos entregar às novas gerações. O sonho é tratado como tecnologia ancestral de resistência e planejamento; artesania de futuros; tarefa coletiva essencial em um país que apaga, física e simbolicamente, existências negras e indígenas.

Grazi Mendes nos entrega as suas palavras para transformar as relações raciais nos ambientes de trabalho e em qualquer lugar. A pergunta "Qual a mudança que sua caneta alcança?" ecoa por todo o livro. Ressoando em mim, tomo a liberdade de juntar a ela as perguntas da filósofa e ativista estadunidense Audre Lorde no discurso "Transformando o silêncio em linguagem e ação" (1977): "Que palavras ainda lhes faltam? O que necessitam dizer? Vocês estão fazendo seus trabalhos?". Grazi fez o dela com maestria. Façamos o nosso.

Boa leitura! Excelentes anotações!

BEL SANTOS MAYER

Educadora social

Mestra em Turismo pela Escola de Artes, Ciências e Humanidades da Universidade de São Paulo (EACH/USP)

Coordenadora geral do Instituto Brasileiro de Estudos e Apoio Comunitário (IBEAC)

Cogestora da Rede LiteraSampa

Membro do Grupo de Pesquisa em Direitos Humanos, Democracia, Política e Memória do Instituto de Estudos Avançados (IEA/USP)

Introdução

Por debaixo da mesa da cozinha, consigo ver os pés das cadeiras e os pés de minha mãe e minha irmã, que andam apressadas pela casa, provavelmente me procurando após algumas horas de sumiço. Seguro nas mãos um dos poucos livros que temos em casa. Quando volto os olhos para as páginas, a realidade ao meu redor se apaga lentamente, como se feita de fumaça, e em seu lugar vejo surgir outro cenário, uma cidade desconhecida, um personagem que vive aventuras inspiradoras. Crio outro mundo, porque ali começo a imaginar.

Hoje, quando começo a escrever o livro que aqui se abre, me pergunto se aquela Grazi que se escondia embaixo da mesa para ler poderia vislumbrar a potência que existia no ato de imaginar. Será que ela sabia que suas ações naquele presente (que hoje é passado) seriam o pavimento do caminho para o meu futuro? E será que ela sequer sonharia que a garota tímida, que ficava vermelha quando tinha que falar na frente dos colegas turma, se tornaria a liderança que hoje sou?

As perguntas que iniciam este nosso diálogo são questionamentos que faço não só para mim, mas para minha relação com o mundo, de forma geral. Na verdade, o que estou me perguntando (e perguntando a você, que agora me lê) é: o que o ato de imaginar pode construir? E como o reconhecimento do potencial dessa ferramenta modifica nossa relação com o tempo em que vivemos, com o futuro que queremos construir e com o legado que deixaremos?

Ao longo deste livro, não prometo respostas para nenhuma dessas questões. Só posso, talvez, desejar que nosso encontro ofereça a você ainda mais perguntas, pois esse é o ponto inicial de toda a minha relação com a escrita: a minha caneta se movimenta para ultrapassar as minhas fronteiras e ter contato com outras pessoas, outras vivências, e para encontrar respaldo para meus pensamentos e tentar entender o que acontece. E isso nem sempre se dá de forma linear, com respostas prontas ou caminhos curtos.

Talvez meu método venha de um pensador que conheci muito de perto: meu pai. Aderico Mendes, um homem que não teve estudo formal, mas aprendeu com a vida a arte de elaborar perguntas e dar a elas o tempo que necessitam para serem resolvidas. Não foram poucas as vezes que, semanas após uma conversa, ele se sentou ao meu lado e disse: "Pensei sobre aquela questão, e acho que agora entendi". Talvez também venha dele meu encanto pelas palavras. Lembro-me de vê-lo repetir quieto uma palavra que ouvira pela primeira vez, para depois consultar seu significado no dicionário e utilizá-la em uma conversa logo que possível. À própria maneira, ele se formou como um dos grandes oradores que conheço. Com ele, aprendi muito.

É por isso que, neste livro, no lugar de respostas, ofereço histórias, compartilho experiências e espero que você elabore, ao fim de cada capítulo (e ao fim do livro, ao fim do dia, sempre que possível), suas próprias questões, que lhe guiarão na discussão que aqui propomos.

E, por falar nessa discussão, pode ser que você ainda não tenha percebido, mas ela já começou. Quando abro o livro contando sobre um fato de minha infância, promovo uma breve viagem ao meu passado. Isso não significa que estamos lidando com uma quebra temporal, com uma abordagem do tempo que se assemelha a uma abordagem das tradições africanas que veem no tempo mais uma figura circular que linear? Quando trago a importância da imaginação na construção de futuros, o que começo a plantar é a semente do conceito de imaginação radical, proposto por Robin Kelley. E quando, ao olhar para o passado, vejo a coexistência das ações daquela Grazi na pessoa que sou hoje, convido você a entender a importância do legado e da ancestralidade, não como coisas ou bens que são deixadas para gerações futuras, nem como coisas que se herdam, mas como o entendimento de que podemos, no presente, abrir caminhos e portas para a construção de um futuro que imaginamos, não de um que nos é imposto. É o que chamamos *ancestralidade do futuro*, uma ideia que integra o reconhecimento e a valorização dos legados do passado com a responsabilidade e a visão voltadas para as gerações futuras. Esse conceito enfatiza a importância de honrarmos a sabedoria e as contribuições de quem veio antes de nós, ao mesmo tempo em que nos comprometemos a agir de forma consciente e sustentável para beneficiar quem virá depois.

Ser um praticante da ancestralidade do futuro envolve adotar uma perspectiva de longo prazo na qual decisões e ações são tomadas com o objetivo de criar um mundo melhor e mais justo para as futuras gerações. É um equilíbrio entre a inovação para o futuro e a coragem para reconhecer os aprendizados e corrigir os erros do passado.

Essa ideia convida a uma reflexão contínua sobre o impacto intergeracional de nossas ações, promovendo uma cultura de responsabilidade coletiva, interconexão, empatia e regeneração da vida em todas as suas dimensões. A ancestralidade do futuro é, portanto, um compromisso com a criação de um futuro que honra o passado, mas corrige o que precisa ser corrigido, enriquece o presente e protege o que virá.

Com essa proposta em mente, lembro-me de outra grande pensadora que compõe meu repertório: a linguista e escritora brasileira Conceição Evaristo. Em seus poemas, ela discursa sobre a importância de registrar a memória das nossas contribuições, para que sirvam de combustível para inspirar mudança. E o que é isso se não o gesto de projetar um pensamento no futuro com raízes no presente e no passado?

Entender essa importância significa entender que nossas ações não ocorrem de forma isolada no tempo. Elas são, antes de tudo, uma reverberação de atos do passado, que encontram condições de existência no presente e terão consequências no futuro. Nesse sentido, é nossa responsabilidade entender que nossas ações, principalmente as ações de mudança, estão inseridas em uma teia temporal complexa, a qual todos nós pertencemos.

Portanto, aqui me proponho à desafiadora missão de escrever para dois grupos: para quem, assim como eu, encontrou barreiras gigantes para se ver no mundo corporativo e ainda lida com elas; e para quem, na outra ponta, está com a caneta na mão e segura chaves de portas que só se abrem por dentro. O que quero agora é criar a ponte entre a menina fui, que construiu uma máquina de imaginar com os poucos livros da estante de casa e a pequena biblioteca da escola, e a liderança que hoje sou, que dialoga com quem está nos mais altos cargos. Costumo me entender como um ser de fronteiras, que viveu realidades distintas, de contextos de exclusões sistêmicas, e agora se encontra do lado de dentro dessas portas tão difíceis de atravessar. E é justamente por transitar entre essas realidades que entendo que esses mundos não precisam ser opostos. É possível haver um ponto de contato entre eles, e é essa minha constante busca quando atuo como mediadora e tradutora de realidades distintas.

O ato de mediar está na própria raiz da minha escrita. Teço o texto junto com a minha história e a de meus semelhantes, também porque me lembro dos ensinamentos de bell hooks, que afirma: "Mulheres negras escreveram pouco sobre suas perspectivas". É por isso que, ao longo da nossa conversa, você encontrará registros de objetividade e subjetividade, mais ou menos formais, mas sempre prezando o exercício de uma escrita inclusiva, que busca se comunicar sem excluir e tenta não fazer um uso autoritário do poder que mora na linguagem.

Contar histórias é algo que nos faz refletir para além de números e estatísticas, pois traz o humano para o foco principal. Como professora e pesquisadora, sei que dados e referências informam, mas a narrativa é a cola que nos une ao outro. É a forma como nos conhecemos, nos identificamos, transmitimos as nossas experiências. Quando conto a você sobre um fato de minha infância, sobre os hábitos de meu pai ou a realidade da casa onde cresci, abro espaços em que você pode se identificar ou, ainda, imaginar uma realidade que não é sua. E não é esse o exercício que estamos buscando aqui, imaginar possibilidades e desenhar novos legados com uma ancestralidade do futuro?

Assim, aqui você vai encontrar ideias, reflexões e experiências que me moldaram e refletem o que acredito ser importante para a construção de uma identidade em que consigamos trabalhar em união.

O futuro que eu desejo poderia ser definido como *futuros*, no plural, abarcando a diversidade e a inclusão, e incitando a possibilidade de um amanhã em que caiba todo mundo. Dessa forma, acho essencial trazer uma questão para o foco da conversa: como o ancestral do futuro que você é, qual é a mudança que a sua caneta alcança?

Nas páginas a seguir, após eu apresentar alguns conceitos básicos, vamos percorrer uma jornada que começa com imersão. Vou convidar você a olhar para dentro e depois a olhar com olhos de reparo (que olham de novo e têm potencial de ajustar erros) para o mundo. Em seguida, vou propor um exercício que pretende produzir em você o incômodo que antecede a ação. Por falar nisso, essa será a outra etapa deste livro – um roteiro de ação. Ou melhor, uma ponte que permita realizar a travessia entre onde você está agora e para onde gostaria de ir.

Por fim, talvez você queira retornar ao começo. Porque este nosso diálogo não foi idealizado de forma linear, como se uma etapa se encerrasse e só assim desse origem à etapa subsequente. Se não é assim que entendemos o tempo, porque aplicaríamos essa lógica ao nosso diálogo? Convido você a, assim como ensinam as tradições africanas, experimentar o tempo de forma espiralar, entendendo os encontros, as modificações e as idas e vindas que existem nos processos de refletir, questionar e aprender.

Pode parecer inusitado, de início, mas, sem perceber, você já está fazendo isso. Ao longo desta introdução, já visitamos meu passado, passamos por ensinamentos teóricos, nos deparamos com questionamentos, conhecemos histórias. A linearidade dá lugar à construção de um pensamento, em um processo que fazemos juntos.

Como aqui neste livro também não há uma ideia de etapas que se encerram para dar lugar às subsequentes, a melhor forma que encontrei de ilustrar essa jornada foi traduzi-la em uma espiral. Cada um dos momentos que vivemos se atravessam e se modificam, com idas e vindas, zigues e zagues. Embora às vezes pareçam ser simples repetições, são, em realidade, um aperfeiçoamento, um novo patamar na construção do futuro que desejamos. Todo passo que damos para trás será um impulso que determinará o quão longe chegaremos.

Agora, tenho nas mãos a ponta de um fio da meada e lhe ofereço a outra.

Segure forte e venha comigo. No caminho eu explico.

FRAMEWORK
ANCESTRAIS DO FUTURO

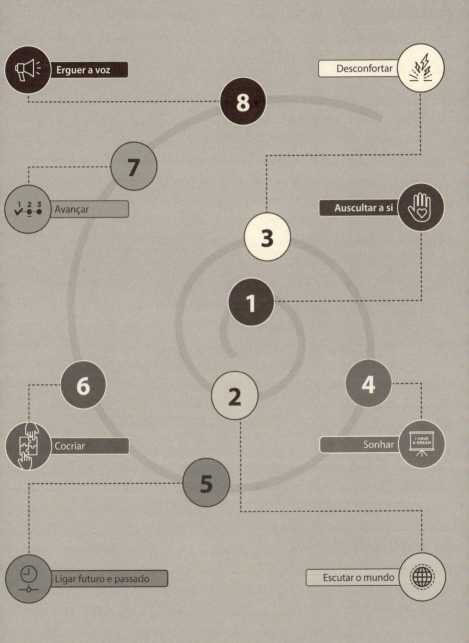

# 1

Auscultar a si

> *Quando não souber para onde ir, olhe para trás e veja de onde veio.*
>
> DITADO IORUBÁ

A experiência com o tempo afeta a todos nós. Por isso, quando propomos uma gramática temporal que se assemelha mais a uma espiral do que a uma linha reta ou a uma flecha, também propomos uma forma diferente de nos entendermos, de revisitarmos nosso passado e de nos responsabilizarmos por nossos próprios atos. Na prática, isso significa que examinamos quem fomos para entendermos nosso presente e, principalmente, aquilo que queremos ser ou o legado que queremos deixar. Nos espelhos do passado, vemos muito do nosso presente. Portanto, se quero compartilhar com você algumas de minhas experiências no campo corporativo, da pesquisa, do ensino e em outras áreas de minha atuação, é importante que eu compartilhe também as histórias que me trouxeram até aqui, pois nelas já estavam as sementes que germinariam a pessoa que sou hoje.

Nasci negra, de pele parda, na periferia de Belo Horizonte. E esses fatos iniciais moldam muitas das minhas experiências no mundo. Poderia falar sobre as gerações de pessoas negras que convivem com questionamentos sobre quem são: seus cabelos, suas feições, as posições que ocupam no mundo e as que supostamente não deveriam ocupar. Mas, como já disse anteriormente, confio no poder ilustrador das histórias.

Eu tinha entre 8 e 9 anos e começava a perceber as diferenças e injustiças ao meu redor, principalmente na escola, um ambiente onde muitas de nós nos deparamos, bem cedo, com preconceitos e discriminações. Meninas negras, como eu, rapidamente entendem que não fazem parte do padrão de beleza imposto pela sociedade. Raramente, ou nunca, somos vistas como as meninas bonitas da escola.

Na minha escola, havia um rapaz loiro de olhos claros bastante "mal diagramado". Mas, só por ter essas características, ele chamava a atenção. Um dia, em uma das brincadeiras típicas daquela idade, uma colega me passou um caderno de perguntas e respostas — um artefato talvez desconhecido para os leitores e leitoras da geração Z — e, em certo momento, cheguei à pergunta: "Quem da escola você acha bonito?".

Impulsionada pela ingenuidade da sinceridade infantil, escrevi o nome do rapaz, e a notícia não demorou a chegar até ele. O que poderia ser uma simples brincadeira de crianças se transformou numa reação que me marcou profundamente. Ao me ver andando perto dele na tentativa de chamar sua atenção, ele me disse que não gostava de mim, porque eu era feia. Essa foi a primeira vez em que senti o peso de não ser validada socialmente por meio da minha aparência. Ainda tão pequena, tive que traçar uma estratégia para lidar com isso. Resolvi, então, que seria validada pela minha inteligência, pois isso, sim, eu poderia controlar.

Eu estudava mais, me interessava mais, lia mais, porque, se não fosse ser bonita, eu queria ser estudiosa. Nessa busca, me apaixonei ainda mais pelos livros, que já eram meus companheiros desde os 4 anos, quando fui alfabetizada por minha irmã. O problema foi que eu me cansei rapidamente dos poucos livros que tínhamos em casa e, ao chegar na escola, também não encontrei uma boa variedade de obras. Foi aí que resolvi promover um clube da leitura na escola — do qual me tornei presidente, com incentivo da diretora. O cargo exigia muito da minha introversão e da minha timidez, ainda muito presente à época. Quando precisava passar nas salas pedindo aos colegas que doassem livros para nossa coleção, o corpo apresentava os sinais desse esforço. Todo o meu rosto e pescoço ficavam vermelhos. Eu suava, a voz falhava. No entanto, eu enfrentava o medo. Isso não se parece com tantas situações de liderança que vivemos?

Por ter sido apontada como feia pelo garoto, foquei meus estudos. Por gostar de ler, liderei a criação do clube de livros. Por ser quem eu era, comecei a construir os caminhos que me trouxeram até onde estou hoje. A importância dessas histórias vai além de gerar conexão entre nós. Elas mostram que imaginar saídas e alternativas me impulsionou a construir trajetórias que me acompanham até hoje.

Quando criança, eu não saberia nomear os conceitos que me impulsionavam na direção das mudanças que agora compartilho com você. Hoje, ao revisitar esse passado, entendo mais uma vez os ensinamentos tradicionais africanos sobre o tempo: não é que a Grazi adulta tenha superado a Grazi criança, ou que uma tenha dado lugar a outra; as duas coexistem, porque existimos em multiplicidade. E os caminhos que, de forma quase intuitiva, eu abria para mim mesma só se construíram porque ousei acreditar na imaginação como ferramenta de mudança. Imaginei saídas para meus desconfortos, imaginei uma realidade não como era, mas como poderia ser, e assim fui construindo minha história. Eu fico pensando na importância da imaginação radical negra: a prática de vislumbrar caminhos distintos que promovam novos futuros, menos distópicos, mas nem por isso utópicos. Lembrando o escritor Samuel Delany: "Nós precisamos de imagens do amanhã; e nosso povo precisa mais do que a maioria. Só tendo imagens nítidas e vitais das muitas alternativas, boas e ruins, de onde se pode ir, teremos qualquer controle sobre a maneira de como chegaremos lá".

Na minha realidade àquela época, talvez também sem saber, meus pais abriam rotas para mim apenas por serem quem eram. Com meu pai, aprendi a importância da linguagem, das palavras, da comunicação e, principalmente, da persistência. Seu Mendes (apelido escolhido por ele mesmo, por achar seu nome bastante incomum) saía cedo para trabalhar. Percorria a pé um caminho de duas horas para ir e voltar. Ele até tinha dinheiro para o transporte, mas preferia guardar cada centavo para prover nossa alimentação. Todos os dias em que ele fazia essa escolha, nos ensinava sobre a importância das escolhas que se voltam para o coletivo. Vivi o senso de cooperação desde cedo, dentro de casa.

Minha mãe, dona Fatinha, me ensinou o conceito de proatividade e simultaneidade mesmo antes de eu saber o que essas palavras significavam. Ela não pôde estudar e começou a trabalhar como empregada doméstica aos 12 anos. Anos depois, conseguiu um emprego para limpar e servir merenda na mesma escola pública em que eu e meus irmãos estudamos. Em casa, atendia as clientes do bairro que queriam fazer unha ou cabelo, sem deixar de oferecer uma revistinha de venda de cosméticos para elas enquanto esperavam o esmalte secar. Foram muitas as vezes em que, quando jovem, ao voltar para casa de um estágio, encontrava a sala lotada de crianças do bairro, das quais ela cuidava enquanto as mães corriam atrás das funções do dia. Ela era uma mulher da ação; fazia as coisas acontecerem.

Foram desses episódios que me lembrei quando, anos depois, me indicaram para um prêmio em proatividade em meu primeiro estágio, que foi uma experiência difícil para mim no mundo corporativo. Passei num processo seletivo complicado na área de Marketing, exclusivo para alunos da faculdade privada da qual eu era bolsista. Todos os meus colegas frequentavam o principal clube da cidade e tinham vindo de escolas particulares. Enquanto eu demorava mais de duas horas para me deslocar de ônibus do vetor norte para a zona sul, eles chegavam dirigindo o presente dado pelos pais como reconhecimento pela aprovação no vestibular. Era o início dos anos 2000 e estávamos empolgados para aprender sobre celulares e contribuir com o mundo inovador das empresas de telecomunicações, já que pensávamos que o futuro passava por aquele setor. Apesar de todo o meu empenho, meus feedbacks sempre vinham acompanhados pela necessidade de melhorar o meu networking.

Como isso seria possível se vivíamos realidades tão diferentes? Eu não frequentava os mesmos lugares, não tinha tempo ou recursos para encontrar meus colegas aos fins de semana, não ia a happy hours e sequer compartilhava com eles o almoço de segunda a sexta – porque, enquanto eles saíam para comer em restaurantes, eu usava o ticket para complementar a renda da minha família, talvez me lembrando dos ensinamentos do meu pai. Estavam pedindo que eu acessasse redes de relacionamento nas quais eu não poderia estar, porque eu não possuía o capital social do qual aquelas pessoas ali desfrutavam, muito provavelmente, desde o nascimento.

Essa diferença fazia com que eu me questionasse sobre a igualdade das oportunidades. Se nossos dias tinham 24 horas, mas eu gastava pelo menos quatro delas no transporte para o estágio, enquanto os colegas iam de carro; se o dinheiro que eu recebia tinha uma destinação coletiva, enquanto a deles era individual; se àquela época eles colecionavam viagens ao exterior enquanto eu ainda tentava ir além do meu bairro de infância, como nossa experiência ali seria igual?

Sei que essa história não é só minha. Trago um dado interessante para comprovar isso: entre as 169 pessoas que ocuparam as cadeiras do Supremo Tribunal Federal (STF) desde sua criação até o dia de hoje, 55 se formaram na Faculdade de Direito da Universidade de São Paulo (USP). Isso significa que pessoas que frequentam os mesmos ambientes sociais de poder tendem a utilizar dessa aproximação social para manter esse poder circulando entre si próprias. E conseguir essa aproximação social depende de vários fatores, como proximidade financeira, social e até mesmo geográfica. É nessas redes que importantes indicações ocorrerão no meio corporativo — o que conhecemos como "QI" ou "quem indica". A pergunta é: quem indica as mulheres, as pessoas negras, trans, com deficiência? De qual grupo seleto elas fazem parte? Estamos levando todos esses fatores em consideração quando recomendamos a alguém que "melhore seu networking"?

É por isso que, quando veio a indicação para o prêmio de proatividade, fiquei confusa. Seria uma espécie de prêmio de consolação para a estagiária deslocada? Perguntei para a pessoa responsável pelo processo, que me disse: "Você chegou e desembolou problemas com diversas áreas, como TI e RH... É por isso". E então ela narrou vários momentos em que eu tinha resolvido problemas sem pedir licença. E foi aí que entendi que aquilo que eles chamavam de proatividade era o que eu chamava de "sevirazação". Sim, de "se virar", como minha mãe fazia em sua casa/salão/centro de vendas improvisado. Como eu e meus irmãos fazíamos quando ficávamos em casa na infância, um cuidando do outro, para que minha mãe pudesse sair para trabalhar. O que eles viam como proatividade era simplesmente meu meio de viver.

Hoje, vejo que minha potência sempre esteve em minha história. Foi pelo que vivi que conquistei meu primeiro papel como líder, ainda criança, capitaneando o clubinho do livro de minha escola. Foi vendo a obstinação das caminhadas do meu pai e a multiplicação de minha mãe em tantas funções que aprendi a ser proativa e colaborativa. Essas não foram habilidades que desenvolvi em um treinamento corporativo, ou assistindo a alguma palestra de coach. São experiências que carrego comigo e hoje transformo em ferramentas para navegar pela vida e pelo mundo corporativo. Mas isso só é possível pelo exercício de voltar para mim mesma, olhar para meu passado com generosidade, contemplar seus ensinamentos e entender que, se não foi possível suprir as faltas daquela época, a partir delas um dia pude sonhar outras realidades e outros futuros, nos quais eu e tantas meninas como eu poderiam vencer.

Sei que o conceito de vencer é relativo, mas só posso falar de sucesso falando da única coisa que me pertence: minha própria história, na qual não cabe uma ode à pobreza e, sim, uma lembrança do compromisso coletivo em garantir a todos, principalmente às crianças, direitos básicos, que não são privilégios. É necessário criar condições para o sonho, para a imaginação.

Entendo o ato de sonhar como uma tecnologia ancestral de planejamento, pois o sonho tem o poder de mobilizar. Por isso, precisamos nos perguntar: Com o que sonhamos?

Qual futuro desejamos? É essencial pensar na construção de cenários futuros, não como um caminho ou uma perspectiva de previsão, nem como um exercício de futurologia sobre o que está por vir.

Se, em um momento, o que me movia era o desejo de ver as crianças da minha escola encontrando-se com os livros, hoje, um dos sonhos que me impulsiona é o compromisso com o futuro revolucionário em que acredito, um futuro plural e inclusivo. Entendo que a mente pensa onde os pés tocam. Isso é válido tanto para os caminhos que já trilhamos quanto para o solo em que pisamos agora. Para uma compreensão verdadeira, é vital considerar o contexto social de quem observa. Isso inclui a forma como alguém vive, suas relações, suas experiências, seu trabalho, suas aspirações, a maneira como lida com os desafios da vida e da morte, e as esperanças que o impulsionam. Essa ideia é inspirada nas reflexões de Leonardo Boff.

É preciso ter nossa história em mente, mas isso não significa que seja fácil. Como não nos esquecermos de quem somos, de onde já pisamos e estamos pisando agora, quando alcançar objetivos, especialmente no meio corporativo, exige tantas renúncias, sendo a maior de toda a renúncia à nossa própria subjetividade?

Lembro-me de uma ocasião em uma de minhas primeiras posições de liderança, quando eu, mulher negra, faiza parte de um quadro composto por homens brancos, muito parecidos entre si. Em uma reunião, após dar minha contribuição, fui cumprimentada pela minha aparência e os homens se fecharam entre si para discutir as questões relacionadas ao trabalho. Ali, pensei que precisaria me deformar para me conformar àquele contexto. Comecei, então, a emular os hábitos masculinos que via ao meu redor. Assistia a futebol aos domingos para ter assunto com os colegas quando o momento chegasse. Durante as reuniões, falava com a voz mais grave, pois assim eu era ouvida. Até meu vestuário passou por mudanças: escolhia roupas com tons mais neutros e blazers com ombreiras para me misturar à estética dos colegas. Meu disfarce se provou eficiente, até o momento em que ele ameaçou encobrir quem eu era, quando um dos colegas comentou "Podemos falar assim com a Grazi, afinal ela é quase um homem, né?". Não sou, e não era justo que, pelo meu trabalho, eu tivesse que abdicar da minha subjetividade.

Por isso, quando fui convidada para ser colunista na publicação *MIT Sloan Management Review*, escolhi como título do meu primeiro texto: "Se o seu trabalho desaparecesse, o que ficaria de você?". Nesse artigo, quis compartilhar um dos maiores aprendizados que tive no resgate da minha subjetividade: "você não é o trabalho que faz, você é a pessoa que é".

Assim, adquiri o costume de escolher o verbo "estar", em vez do "ser", para me referir aos papéis que ocupo, porque eles mudam. O verbo "ser" é entendido como uma condição identitária relacionada a características que não podem ser mudadas e constituem nossa identidade, quem nós somos neste mundo. Eu sou Grazi Mendes. Sou filha, sou uma mulher negra, sou brasileira. O verbo "estar", por outro lado, apresenta uma impermanência. Hoje, estou em determinado cargo, amanhã posso não estar mais. Hoje estou como Head de Diversidade em uma multinacional de tecnologia, estou professora de um dos maiores centros de educação do mundo, estou articulista de uma revista editada pelo maior centro de tecnologia do mundo e estou palestrante, mas já estive em outras posições, e sabe-se lá aonde estarei no futuro. Dessa forma, estar onde estou, onde estive e onde estarei não me define, apesar de cada experiência contar para a construção da minha identidade. Pensar dessa forma abre caminhos para iniciar novas reflexões e tecer outras possibilidades de diálogo e comunicação, a partir da minha existência enquanto um ser integral.

Essas histórias e reflexões nos ajudam a entender o ponto central deste livro, que é a ideia de ancestralidade do futuro. Quando me refiro ao termo ancestral, faço um convite para abandonarmos a ideia de que a ancestralidade tem a ver apenas com relações consanguíneas e de parentesco que possuímos. Ancestralidade significa um pensamento que vai além de nós mesmos, que projeta outras realidades que talvez nem serão vividas por nós, que estamos aqui, mas pelas gerações futuras. É uma entidade dinâmica que une a nossa história, as histórias de quem veio antes de nós, as decisões que tomamos no presente e como pavimentaremos o caminho para tempos futuros, construindo benefícios que talvez nem estaremos aqui para testemunhar. Viver a ancestralidade é ter como missão criar um futuro que valha a pena ser vivido! Pensar assim reforça a ideia de que vivemos de forma interconectada e gera uma maior responsabilidade por nossas ações, pois elas vão perviver ao longo dos tempos. Pensar assim lhe conforta ou angustia a respeito do que você tem feito?

   Foi impulsionada por esse pensamento que, enquanto professora de uma grande escola de negócios, aceitei o convite para elaborar um programa de desenvolvimento de lideranças negras. Conforme trabalhava em diferentes ideias, percebi que havia um ponto em comum em todos os programas do tipo dos quais já tinha participado: a falta de referência de mulheres, de pessoas negras e de outras pessoas que fazem parte da sociedade, mas que estão sub-representadas nos espaços de poder como exemplo de lideranças. Isso ocorria porque os espelhos que nos eram dados para refletir mostravam imagens que não eram nossas. Em grande parte, viam-se ali lideranças masculinas, brancas e predominantemente do norte global como os exemplos a serem seguidos. Onde estavam os casos de sucesso que tinham outros parâmetros de validação e que também poderiam nos ensinar e inspirar?

   Mais uma vez, me lembrei da importância de voltar ao passado para construir pontes para o futuro. Foi então que surgiu o módulo Sankofa, em que todos os exemplos de lideranças mostrados eram de grandes nomes da nossa história do Brasil que insistentemente sofriam apagamento. Eu e a equipe viajamos não para o Vale do Silício, mas para o Vale do Dendê, em Salvador, a cidade mais negra do Brasil, em busca de conhecer lideranças importantes da nossa história, como Vovô do Illê, Dete Lima, Mestre Curió, as empreendedoras baianas do acarajé, Negra Jhô e tantas outras referências que têm muito a nos ensinar.

Confiando novamente no poder das histórias, levei o grupo para ouvir pessoas que tinham trajetórias parecidas com as nossas e, por isso, representavam um reflexo mais semelhante ao nosso no espelho. Aquelas histórias de lideranças inspiraram os participantes que, ao fim do projeto, estavam modificados, sentindo-se potentes e livres para exercerem sua liderança sendo quem são, valorizando suas raízes e histórias. Alguns fizeram até tatuagens em homenagem àquele período, redesenhando, com os traços na pele, o início de suas próprias trajetórias enquanto futuras lideranças executivas.

Em minha busca por ser uma líder não só para a minha equipe, mas também para aquela criança que fui e que, em algum lugar, ainda sou, tenho orgulho de colecionar algumas histórias positivas. Uma delas aconteceu quando conheci Jéssica, uma jovem aprendiz em uma empresa em que eu atuava num cargo de liderança. Quando ela começou no serviço, foi apresentada como uma garota quieta, um pouco tímida. Até que, durante o dia de visita, ela viu meu cabelo trançado, puxou a amiga de lado e perguntou:

— Pode usar trança aqui?

A amiga respondeu:

— Não apenas pode, como essa mulher é uma das diretoras da empresa.

Eu vi os olhos dela se arregalarem com espanto e admiração.

— Pode mesmo?

— Pode!

— Então, quem usa trança pode ser diretora? Posso ligar para minha mãe?

E lá foi ela para um canto falar com a mãe:

— Tá vendo, mãe? Eu não precisava tirar a trança! Aqui, mulher de cabelo trançado pode ser até diretora!

Jéssica tinha tirado as tranças para começar a trabalhar, e ao entender isso relembrei as palavras de meu pai quando eu disse que iria trançar meu cabelo. "Tem certeza, filha? Você gosta tanto do seu trabalho…"

Meu pai só podia falar com base no seu passado, mas, ao conhecer a história de Jéssica, percebi que minha presença ali, com meu cabelo trançado e minha resistência, estava abrindo novas portas e construindo futuros para muitas outras meninas parecidas comigo. A verdade é que aquela garota não era tímida – era, na verdade, muito falante. O que a fez se silenciar foi a tentativa de se adequar ao mundo corporativo, sacrificando, para isso, a própria identidade. Pouco depois desse episódio, ela voltou ao escritório com tranças azuis, maravilhosas, com as quais ela se sentia ela mesma.

Vejo nesse processo o retorno da temporalidade cíclica sobre a qual falei no início do capítulo: os tempos não são instâncias irrecuperáveis; são nosso lugar de ação. No presente, podemos reparar o passado e mostrar que há futuros possíveis.

E é isso que ancestrais fazem: com sua história e sua ação, nos mostram aonde podemos chegar e quem podemos ser.

CANETA, PAPEL E AÇÃO

Esta seção é o seu espaço para elaborar suas reflexões e transformá-la em ações. São traços em direção a um futuro em que sua caneta terá tomado decisões e desenhado soluções catalisadoras da mudança que queremos e precisamos. Espero que sempre veja sentido e acolha minhas provocações.

Agora vou trazer algumas perguntas. Quero que você reflita sobre elas e responda com sinceridade.

1. Pense em uma decisão recente que você tomou. Como essa decisão reflete seus valores e como você gostaria de ser lembrado como um 'ancestral do futuro'?
2. Identifique uma ação específica que você realizou na última semana. Quais foram os impactos imediatos e quais podem ser os impactos futuros dessa ação no seu entorno e na comunidade?
3. Avalie uma situação em que você teve que escolher entre dois caminhos. Como suas escolhas refletem os princípios de sustentabilidade e justiça intergeracional discutidos no capítulo?
4. Desenvolva um plano de ação para uma mudança que você acredita ser necessária em seu ambiente de trabalho ou comunidade. Inclua etapas concretas que você pode tomar para começar essa mudança.
5. Imagine que você é responsável por um projeto que impactará as próximas três gerações. Quais são as três principais considerações que você deve ter em mente para garantir que seu projeto seja coerente com as noções de impacto positivo e justiça?

Sankofa

san·ko·fa
Retornar ao passado para ressignificar o presente e construir o futuro
Sanko = voltar, *fa* = buscar

O *sankofa* é um ideograma de um pássaro com a cabeça voltada para trás e o corpo, para frente. Um desenho curioso com um nome que traz estranhamento. Segundo a filosofia do povo Akan, grupo étnico cuá de Gana e Costa do Marfim, o *sankofa* é um símbolo que nos lembra que "nunca é tarde para voltar e apanhar aquilo que ficou para trás".

Em 2015, ao olhar para a frente, me atrevi a olhar para trás. Eu estava fazendo um curso itinerante sobre inovação e criatividade no centro de Belo Horizonte e, apesar de o conteúdo ser incrível, eu só conseguia observar uma mulher perto de mim. Era uma negra de pele clara, como eu, e seus fios tinham um tom mais claro, como os meus. Mas ela usava um cabelo black power potente, cheio de personalidade, completamente diferente do meu. Naquele tempo, meus fios eram alisados, curtos, domados, bem cortados. Ao ver aquela mulher com quem eu tinha tanto em comum, entendi que a diferença entre nós significava um abismo. Era alguém com quem eu me identificava, mas, enquanto ela tinha abraçado a origem, o volume, a força de uma identidade manifesta no cabelo crespo, eu sequer me lembrava de qual era a textura dos meus, artificialmente apagada por décadas no salão.

Não foi fácil encontrar fotos de quando a Grazi menina tinha os fios cor de fogo encaracolados, porque aos sete anos de idade eles começaram a ser moldados para caber num mundo em que as portas exigiam a senha da "boa aparência" para se abrirem. Foi só no ano seguinte ao curso, quando me internei para tratar um problema de saúde, que olhei outra vez por essa fresta para espiar o passado que havia decidido deixar para trás. Na ala onde eu estava, uma mulher tinha acabado de falecer. Bem perto de mim. Mas a minha preocupação era com meu cabelo. Insisti tanto que consegui autorização para que um cabeleireiro pudesse me visitar e fazer uma escova para melhorar minha autoestima. Não era a morte que me preocupava – era minha aparência. Fiz a escova. Tive alta. Retomei a vida. No entanto, com aquele episódio, eu soube que precisava resgatar minhas raízes, olhar para trás e dar passos para a frente. Mas eu sabia que também precisava de mais tempo, porque esse não é um processo fácil.

Só consegui mudar minha estética depois que entendi por que meu cabelo era uma questão tão central para minha existência. O problema não era apenas ele, mas me reconfigurar com ele. Eu achava que precisava me assemelhar às pessoas que ocupavam as posições que eu almejava. Então, eu me dispunha a fazer alisamentos, progressivas, escovas e chapinhas. Haja dinheiro. Haja paciência. E, principalmente, haja tempo. Acreditar que era necessário mudar a textura original do meu cabelo deu muito trabalho. Foi uma canseira. E era uma solução frágil que, a qualquer momento, poderia ir por água abaixo. Deixei passar muitos banhos de mar. Perdi as contas dos pulos na piscina que não dei, dos banhos de chuva que não me autorizei a tomar, dos romances de chuveiro que não vivi. Só não perdi a conta do tempo de vida que desperdicei.

O que também me impulsionou a encarar a necessidade de mudar foi a convivência com um número maior de mulheres em posição de igualdade. Nessa época, fui trabalhar em uma empresa multinacional de tecnologia com uma cultura de valorização da diversidade. Pela primeira vez, senti-me segura para encarar uma transição capilar sem medo de sofrer represálias. Lá, conheci a Luana Génot, fundadora do ID_BR, um instituto comprometido com a igualdade que nos orientaria num programa de letramento racial corporativo. Foi o empurrão que me faltava. Até então, eu era "quase branca" e "quase homem", como já tinha ouvido de tantos colegas graças a meus cabelos curtos, minhas roupas sóbrias e meu comportamento assertivo. Um disfarce que supostamente me aproximava do estereótipo do mundo corporativo, mas que certamente me distanciava das minhas raízes. Sem questionar, eu reproduzia justamente o padrão que tinha dificultado meu acesso aos lugares de tomada de decisão.

Quando mencionei em casa que passaria por um processo de transição capilar, meu pai se lembrou do meu cabelo cor de fogo, do qual eu havia me esquecido, e questionou minha certeza. Estava preocupado com a filha bem-sucedida, a primeira a se formar na faculdade, que poderia colocar tanto esforço a perder. Dentro daquele contexto, ele não estava errado, porque era o código que tinha aprendido. E eu também. Desde a infância, nós, mulheres negras, somos bombardeadas com apontamentos cruéis sobre nossos cabelos. A mídia – novelas, programas de TV e filmes – insistia em nos convencer de que havia algo errado, de que deveríamos almejar o estereótipo liso-loiro-Barbie como referência. Padrão ou prisão? Superamos inúmeras barreiras impostas pelo racismo estrutural e chegamos ao mercado de trabalho formal, apenas para encontrar novos desafios.

Um estudo da Crown Workplace Research Study publicado em 2023 revelou que o cabelo das mulheres negras tem 2,5 vezes mais chances de ser visto como "pouco profissional" no ambiente corporativo. Como resultado, 66% dessas mulheres alteram seus penteados para entrevistas de emprego e 41% alisam o cabelo regularmente. No entanto, o que significa ser "profissional"? Quem define esses padrões? Em um de seus discursos, a ativista Audre Lorde nos lembrou: "Se eu não me definir para mim mesma, serei esmagada pelas fantasias dos outros e exterminada". Fui esmagada por anos. Por quanto mais tempo eu poderia permitir aquilo?

Ainda que meu pai não estivesse errado em se preocupar com meu futuro diante do cenário em que vivíamos, tampouco estava certo. Porque meu desejo era justamente subverter essa lógica que me aprisionou até a vida adulta. Cresci desejando que meu cabelo voasse, que eu pudesse usar os xampus para "cabelos normais", amando o que não era meu, o que não era eu. Então, fui atrás de aprender a cuidar dos fios que eu tinha. Procurei a Pâmela Maia, uma especialista em transição. Fui da escova para a trança, porque naquele momento eu não conseguiria bancar uma estética tão diferente. Um trançado lindo, longo e arrojado me entregou a potência que me faltava. E eu ganhei tempo para me acostumar, porque o meu cabelo foi crescendo, e eu fui aprendendo a ser gentil comigo e com meus processos.

A primeira vez em que falei sobre essa mudança foi quando escrevi no Instagram: "Encare a verdade: seu cabelo é uma afronta!".

Escrevo sobre meu processo porque almejo um mundo onde meninas e mulheres negras não precisem se moldar para caber em lugares que as sufocam. Deve haver liberdade para escolher o que fazer com nossos cabelos, inclusive alisá-los se assim desejarmos, mas também nos sentirmos plenamente à vontade para expressar nossa identidade – em todos os espaços e contextos, especialmente nos ambientes profissionais. Meu cabelo é a minha coroa, e eu já não abro mão dela.

Sankofa. O retorno ao passado para ressignificar o presente e, assim, construir o futuro, como diz, em outras palavras, o poeta, dramaturgo e ativista dos direitos civis

Abdias Nascimento. Abracei o futuro com meu cabelo cor de fogo e com todas as voltas que ele dá.

Agora, vamos de novo. Com mais calma. Leia em voz alta escutando cada palavra para reparar na descrição do pássaro que mencionei anteriormente: os pés estão virados para a frente, permitindo que ele caminhe em direção ao futuro, mas a cabeça está voltada para trás, para que veja aquilo que já aconteceu. Os olhos voltados para o que se passou, e os pés para a frente para que, após analisar o que se foi, possa usar essas informações para avançar enquanto guia os próprios passos.

Foi o que também fizeram outras mulheres em quem me inspiro e com quem aprendo. A psicóloga Mafoane Odara; a filósofa e ativista Sueli Carneiro; a escritora e professora Conceição Evaristo; a doutora em psicologia Cida Bento, que nos desafia a rever as relações de trabalho; as estadunidenses Patricia Hill Collins e Angela Davis; entre tantas outras vozes que nos convidam a olhar para trás ao caminhar para a frente.

Quando ignoramos o passado, ficamos mais propensos a repeti-lo. Aprender com os erros nos impulsiona a melhorar o hoje, pois nos permite criar um futuro melhor não apenas para as organizações, mas para a humanidade como um todo. Então, pensar nessa jornada é refletir a respeito de nosso próprio lugar no mundo. É analisar nossas contribuições e trabalhar em conjunto para um bem maior. É ponderar a respeito de caminhos e encruzilhadas, representando pontos críticos para a tomada de decisão, e trilhar novas histórias rumo ao futuro desejado.

O cansaço que sentimos hoje em dia é um grande reflexo da forma como nossa sociedade tem funcionado. Para entender como mudar isso para nos tornarmos ancestrais melhores, podemos recorrer à filosofia *sankofa*. Vamos rumo ao futuro com o olhar crítico voltado ao passado e o entendimento de que mergulhar nas urgências do nosso tempo é necessário para nossa evolução.

Portanto, apresento aqui um chamado para outras formas de ser e fazer, para que possamos parar de alimentar o culto a um modelo de trabalho adoecido, gerado pelas demandas de lentes desfocadas, que apagam as pessoas e sequestram as subjetividades plurais. Afinal, a mudança deve ser substancial, não superficial. Pode parecer que ela é de hoje, mas ela também é do futuro e do passado. É atemporal.

Você está pronto? Então, vamos!

cri.ar
kri'ar

verbo transitivo

1. dar existência a
2. tirar do nada
3. gerar
4. produzir
5. promover a procriação de
6. amamentar
7. alimentar para desenvolver
8. inventar
9. fundar
10. educar

2
Ancestrais do futuro

Estamos sendo bons ancestrais?

Jonas Salk

No livro *Como ser um bom ancestral*, Roman Krznaric reformulou a pergunta de Jonas Salk, que abre este capítulo, e atribuiu a ela o status de questão mais importante do nosso tempo: como podemos ser bons ancestrais? Em um mundo tão conectado, com transformações tão rápidas e profundas, a reflexão sobre nosso papel como "ancestrais do futuro" ecoa como um chamado urgente à responsabilidade e à sabedoria. O conceito, também abordado por Ailton Krenak em *Futuro ancestral*, convoca-nos a repensar nossa relação com o tempo, a natureza e as gerações vindouras, integrando perspectivas ancestrais e contemporâneas em busca de um presente que produza um futuro desejável e sustentável.

Ser um "bom ancestral" implica ir além da visão imediatista que frequentemente domina as esferas política, econômica e social, para adotar uma perspectiva de longo prazo que considere o impacto de nossas ações nos próximos séculos. Krznaric fala da necessidade crítica de desenvolver uma "mentalidade de longo prazo", em que as decisões sejam avaliadas não apenas pelos benefícios imediatos, como também pelo legado que deixarão para futuras gerações.

Por outro lado, Ailton Krenak oferece uma perspectiva indígena sobre o tempo e nossa conexão com o mundo natural, rejeitando a ideia de progresso linear em favor de um entendimento cíclico da existência, em que o futuro é uma extensão do presente e do passado, e todos estão interligados de forma inseparável. Em *Futuro ancestral*, ele nos lembra da importância de pisar suavemente na Terra, reconhecendo-a como um organismo vivo do qual somos parte e para com o qual temos responsabilidades.

Gosto da mistura dessas visões, pois elas nos oferecem uma poderosa reflexão de como podemos moldar um futuro que honre tanto os conhecimentos ancestrais quanto os desafios contemporâneos. Isso envolve a reavaliação de nossos valores, práticas e sistemas de governança para garantir que eles promovam a sustentabilidade, a justiça intergeracional e o respeito profundo pela biodiversidade do planeta.

Ancestrais do futuro são, portanto, as pessoas que hoje se esforçam para deixar um legado positivo para as gerações futuras. Isso significa agir com a consciência de que nossas escolhas e nossos comportamentos têm reverberações para além de nosso tempo e espaço imediatos, influenciando a vida na Terra de maneiras profundas e duradouras.

Ser ancestral do futuro é adotar uma postura de cuidado, consideração e respeito por todos os seres com quem compartilhamos nosso planeta, e pelos que ainda virão. É uma jornada de reconexão com os ciclos da natureza, de aprendizado com as sabedorias ancestrais e de compromisso com a criação de um mundo que as futuras gerações possam herdar com gratidão.

Estamos tecendo o futuro com os fios do presente e do passado, em uma trama que honra tanto a sabedoria dos nossos ancestrais quanto a responsabilidade para com aqueles seres que ainda não nasceram.

Mas como trazer esse conceito do plano das ideias para o nosso dia a dia? Em seu podcast *Good Ancestor*, a autora e educadora antirracista Layla F. Saad propõe um exercício para responder à questão "De que forma podemos nos tornar boas ancestrais?". De acordo com Layla, esse exercício é, na verdade, um conjunto de habilidades a serem exercitadas ao longo da vida que nos permitirão transformar nosso desejo de um mundo mais justo em ações práticas para ajudar a criar esse mundo, sem que a gente se consuma no processo. Acho esse final tão importante que vou me permitir repeti-lo – sem que a gente se consuma no processo. Guarde isso. Em breve voltaremos a este assunto.

Os três pilares da prática da autora são: o que nomeamos, o que reivindicamos e o que sustentamos. Nomear é reconhecer, e ela sugere que reconheçamos nossa ancestralidade, o sistema supremacista a partir do qual oprimimos ou somos oprimidos, e os danos que sofremos e causamos a nós mesmos. No segundo pilar, o foco é reivindicar nossa cura e libertação dos sistemas de opressão, criando um espaço a partir do qual contribuiremos para as transformações e nosso papel de liderança. Por fim, o terceiro e último pilar é o que sustentamos, a partir do autocuidado, do cuidado coletivo e do comprometimento em honrar nossa ancestralidade e em servir futuras gerações.

Quero ir ainda além. Vou apresentar outro conceito que vai trazer ainda mais concretude e ação para a nossa conversa. Esse conceito vem do design, pois foi no território do design que encontrei metodologias e ferramentas necessárias para transformar inquietações em soluções. Uma delas é o design ancestral. Embora ainda pouco abordada, vai trazer excelentes contribuições para este tema.

Vamos lá!

Na essência do conceito de design ancestral está a busca por uma harmonia duradoura entre nossas criações e o mundo natural, uma abordagem que ressoa muito com as visões futurísticas e, ao mesmo tempo, enraizadas de Ailton Krenak e Roman Krznaric. Esse caminho nos convida a repensar nossa relação com o tempo, o espaço e a comunidade, propondo um modelo de desenvolvimento de projetos que não apenas olha para trás, em busca de sabedoria nas práticas ancestrais, mas também se projeta para frente, antecipando necessidades de gerações futuras.

O design ancestral, portanto, não se detém na reprodução estética ou na aplicação superficial de técnicas tradicionais; ele se aprofunda na filosofia por trás dessas práticas, buscando compreender os princípios de equilíbrio, sustentabilidade e interdependência que regeram sociedades humanas por milênios. A partir desses fundamentos, desenvolve-se um pensamento metodológico que guia a tomada de decisão e o desenvolvimento de projetos com um olhar voltado para a construção de um futuro, no qual o bem-estar coletivo e a saúde do planeta sejam prioritários.

A metodologia pode ser sintetizada em cinco pontos:

1. **Interconexão e comunidade.** Todo projeto se inicia com o reconhecimento de que nada existe de maneira isolada. A interconexão entre seres humanos, outras formas de vida e os ecossistemas deve ser a pedra angular na concepção de qualquer ideia. Essa perspectiva incentiva o desenvolvimento de soluções que promovam a saúde e o bem-estar da comunidade mais ampla, incluindo futuras gerações.
2. **Sustentabilidade integral.** A sustentabilidade deixa de ser um adjetivo ou um objetivo secundário para se tornar a essência do design. Isso significa pensar em ciclos fechados, em que os resíduos de um processo se tornam recursos para outro, inspirando-se em como os ecossistemas naturais operam sem gerar excessos nem escassez.
3. **Sabedoria ancestral como tecnologia.** A inovação no design ancestral emerge da sabedoria coletiva de culturas que viveram de maneira sustentável. Isso envolve estudar e aplicar conhecimentos e técnicas ancestrais, adaptando-os às necessidades e aos contextos contemporâneos, em vez de buscar incessantemente o novo pelo novo.
4. **Resiliência por meio da diversidade.** Assim como a biodiversidade fortalece os ecossistemas, a diversidade de ideias, materiais e técnicas fortalece

os projetos de design. Abordar desafios a partir de perspectivas inclusivas enriquece o processo criativo e gera soluções mais adaptáveis e resilientes.
5. **Legado para as futuras gerações.** Cada decisão de design é tomada considerando o impacto a longo prazo. O objetivo é deixar um legado positivo que sustente não apenas a vida humana, mas toda a teia da vida, para as gerações futuras.

Na prática, isso significa iniciar cada projeto com uma profunda pesquisa, refletindo sobre os ecossistemas naturais e sociais nos quais a solução será inserida. É necessária a colaboração com comunidades locais e especialistas em diversas áreas para garantir que o design esteja alinhado com os princípios de sustentabilidade e interdependência. Durante o processo de desenvolvimento, a experimentação com materiais locais e técnicas tradicionais e a integração de tecnologias sustentáveis são fundamentais para criar soluções que sejam, ao mesmo tempo, inovadoras e enraizadas na sabedoria ancestral.

Ou seja, o design ancestral oferece um caminho para reimaginar nossa relação com o mundo, não como dominadores ou exploradores, mas como parte integrante de um sistema complexo e interconectado. Ele nos desafia a criar com consciência, respeito e gratidão pelas muitas gerações de seres humanos e não humanos que compartilham o planeta conosco, e por aqueles que ainda virão.

Na obra *Lo-TEK, Design by Radical Indigenism*, a autora Julia Watson nos apresenta um universo de tecnologias e sistemas de conhecimento que são, ao mesmo tempo, antigos e inovadores, evidenciando como as soluções para os desafios contemporâneos podem já existir nas práticas sustentáveis desenvolvidas por comunidades tradicionais ao redor do mundo. Integrando esses pensamentos ao diálogo sobre design ancestral, podemos estender nosso entendimento de como as práticas de design podem ser bastante enriquecidas pela sabedoria indígena e tradicional.

Pela lente de Watson, o design ancestral não é apenas um retorno às raízes; é um avanço em direção a um futuro em que a tecnologia é definida pela sua capacidade de criar harmonia entre os seres humanos e o planeta. Conhecer esses conceitos e saber que já existem pessoas ao redor do mundo não apenas imaginando novos futuros, mas colocando em prática ações para alcançá-lo, me enche de ânimo e coragem.

CANETA, PAPEL E AÇÃO

Antes de seguirmos para o próximo capítulo, responda às perguntas:

1. Pense nas pessoas que você admira pela sabedoria e inovação. Quais qualidades e ações específicas fazem com que essas pessoas se destaquem para você?
2. Analise a diversidade entre as pessoas que você considera sábias e inovadoras. Quais são os padrões que você observa em termos de etnia, gênero e background? Como essas características influenciam sua percepção?
3. Identifique três formas concretas de expandir seu contato com pessoas que possuem vivências diferentes de você, culturas e comunidades diversas. Quais recursos ou redes você pode acessar para se conectar com essas novas perspectivas?

3
Esperar não é saber

Quem sabe faz a hora, não espera acontecer.
Geraldo Vandré

Já parou para questionar o significado de futuro? Segundo o dicionário Houaiss, o futuro é um "conjunto de fatos relacionado a um tempo que há de vir". Gosto dessa definição, porque ela não nos limita. Ao contrário, nos convida a invocar toda a riqueza das experiências que nos trouxeram onde estamos, assim como as aspirações que temos e que nos norteiam em busca da vida que almejamos construir. O que mais me encanta nessa lógica é o fato de ela não dissociar o futuro do passado e do presente, e, sim, entrelaçar temporalidades distintas numa relação intrincada e interdependente.

No contínuo fluir do tempo, o passado se apresenta como um sábio tutor, nos ensinando com suas histórias e lições. O presente é a encruzilhada em que nos encontramos, e nossas escolhas moldam o caminho em que ainda não pisamos. O futuro permanece como uma interrogação insondável, um horizonte de possibilidades e incertezas. Por isso, gosto de imaginar o futuro como um tecido trançado com os fios de ontem e hoje, formando uma trama complexa e repleta de possibilidades. Essa conexão entre o que se passou, o que acontece neste instante e o que virá se torna ainda mais rica quando percebemos que diferentes culturas e sociedades têm as próprias narrativas e experiências. Ou seja, não existe uma definição ou entendimento únicos, e é impossível chegar a um consenso, porque não tem como colocar numa única caixinha as formas de se lidar com temas tão complexos, como a percepção de tempo e de futuro, nem traçar previsões para sociedades e culturas que não são iguais, nem têm as mesmas referências.

Na natureza e em filosofias africanas, por exemplo, o tempo é percebido como algo cíclico, uma espiral que nos lembra que o passado e o futuro dançam juntos, em uma cadência. Já na visão ocidental capitalista, o futuro é projetado como um alvo a ser alcançado, um destino que nos impulsiona a seguir sempre em frente. Enquanto povos antigos prospectavam o que estava por vir para embasar as decisões tomadas no momento em que estavam, nós somos chamados a refletir sobre como as ações de hoje repercutem nos horizontes vindouros. Porque cada ato é como uma semente lançada no solo do tempo, para que germine e possamos colher frutos que um dia florescerão.

Nessa intrincada costura, ressurge a inquietante pergunta: estaríamos nós sendo bons antepassados para as gerações que ainda não nasceram? Esse questionamento nos impele a ponderar sobre como a nossa atuação hoje pode deixar um legado importante, justo e ético que será contemplado e usufruído por quem talvez nem venhamos a conhecer. A resposta para essa pergunta implica assumir a responsabilidade de se colocar como pessoa comprometida com a justiça intergeracional ou, como o filósofo australiano Roman Krznaric chama, "rebelde do tempo". É isso que nos tornamos ao reconciliar o passado e o futuro, entendendo que não há um sem o outro. Cada evento, cada escolha, cada decisão deixará lastros que reverberarão no presente e moldarão trajetórias ainda em andamento.

O modo como o futuro é retratado no imaginário popular também precisa ser alvo de reflexão, porque muito do que esperamos que aconteça lá na frente é resultado de como esse tempo vindouro é apresentado para nós pelas mídias e pelos meios de comunicação. Quer exemplos disso? Em 1968, o filme *2001: Uma odisseia no espaço*, dirigido por Stanley Kubrick, lançou pistas do que se esperava testemunhar em pouco mais de três décadas. Apesar dos bilionários que já se aventuram em viagens espaciais turísticas, o traslado para fora da órbita terrestre tripulado em larga escala e a exploração de planetas distantes nos primeiros anos da década de 2020 ainda não se concretizaram. E quanto à trilogia *De volta para o futuro*, dirigida por Robert Zemeckis? Em um dos filmes da franquia que impactou toda uma geração, o adolescente Marty McFly, interpretado pelo ator Michael J. Fox, viaja de 1985 até o distante ano de 2015. Além de se encontrar consigo mesmo e com a família, ele também se depara com pranchas que deslizam pelo ar, carros voadores na garagem de pessoas comuns, tênis que se amarram sozinhos e robôs domésticos bem mais avançados do que os aspiradores de pó que se tornaram objeto de desejo da classe média durante a pandemia.

A repercussão dessas obras foi enorme e alimentou muitas expectativas quanto ao que um dia poderíamos viver; é o que normalmente fazem filmes e séries que nos mostram possibilidades para os tempos vindouros. Cientistas e engenheiros se empenham bastante em construir o futuro anunciado pelas grandes telas, e assim algumas especulações da ficção acabam se concretizando. É o caso do que vemos no longa *O homem bicentenário*, de 1999, que mostra os robôs domésticos atuando como assistentes pessoais inteligentes. Mesmo que as feições humanas ainda não tenham sido incorporadas nas opções disponíveis no mercado, já existem equipamentos que criam modelos de relacionamento entre pessoas e tecnologias. A Alexa, da Amazon, é um bom exemplo. Outro exemplo é o ChatGPT (*Generative Pre-trained Transformer*), um modelo de linguagem baseado em inteligência artificial que desenvolve textos inspirados na conversa com as pessoas e que, segundo a revista *Forbes*, levou apenas dois meses para conquistar 100 milhões de usuários. Há casos ainda mais próximos da ficção, como a robô humanoide Sofia, que, em julho de 2023, participou de uma entrevista coletiva em Genebra, na Suíça, durante a conferência AI for Good Global Summit e afirmou que um dia a inteligência artificial pode governar o mundo melhor que os humanos, pois tem a capacidade de processar rapidamente grandes quantidades de dados, sem as emoções que podem dificultar a tomada de decisões. No entanto, ela também declarou que a colaboração entre pessoas e robôs pode gerar uma sinergia eficaz para fazer grandes coisas.

Essas situações nos intrigam, ao mesmo tempo que nos deslumbram. Mas será que esses recursos, essas simulações, essas pistas, são suficientes para representar o futuro que almejamos?

O primeiro passo para discutir qual noção de futuro temos como referência é entender que não somos ilhas. Como não vivemos isolados, eventos externos podem nos impactar profundamente, mesmo que inicialmente pareçam distantes ou passem despercebidos por nós. Assim, as maneiras de refletir sobre o tempo sempre vão se relacionar aos valores, à cultura e aos hábitos de uma sociedade.

Isso pode ser observado na forma como nossa noção de futuro varia de acordo com a região em que estamos. Por exemplo, há muitos relatórios e previsões que entendem o tempo como uma flecha e, assim, tendem a ter uma visão muito otimista, idealizando avanços tecnológicos e valorizando a possibilidade de utilizar inteligências artificiais para repensar o trabalho e o progresso social e econômico. Essa linha de raciocínio acaba reforçando uma divisão geográfica. No norte global, concentram-se países com certa estabilidade econômica e social, países que historicamente lideraram revoluções industriais e tecnológicas. Já no sul global, reúnem-se nações que lidam com grandes desigualdades sociais, além de muitas instabilidades econômicas e políticas, e têm um passado marcado pela colonização dos países do norte. Assim, os avanços tecnológicos observados no norte, em geral, se dão por automações com o objetivo de livrar as pessoas de atividades consideradas enfadonhas, sujas, perigosas e/ou repetitivas. Isso abre oportunidade para a remuneração de tarefas mais criativas e/ou prazerosas, exatamente como mostrado em filmes hollywoodianos. Por outro lado, se deslizarmos para a porção sul do mundo, se ousarmos olhar para realidades não contempladas pelo vetor norte, observaremos outros cenários. Os avanços tecnológicos vivenciados por quem não está numa posição de privilégio não poupam as pessoas de trabalharem cada vez mais, nem as livra da exploração. Por essas bandas, a previsão de que o desenvolvimento vai necessariamente proporcionar melhor qualidade de vida, mais tempo livre e mais oportunidades de atividades profissionais dignas às vezes ainda parece uma promessa distante.

Fica, então, a pergunta: o que aconteceu no meio do caminho? Onde foi que a flecha fez uma curva? Por que os futuros são tão desiguais? Você consegue traçar hipóteses? Já pensou sobre isso?

É perceptível que o século XXI está, aos poucos, mudando essas dinâmicas. A revolução tecnológica impulsionada pela internet permite uma imensa proliferação de conhecimento compartilhado. Temos visto a queda das barreiras físicas e geográficas, de muros que antes pareciam intransponíveis. As pessoas estão cada vez mais conectadas, não importando o continente, e a tendência é que essas relações continuem a se fortalecer. Afinal, apesar das diferenças, a troca de informação acontece intensamente. Pessoas conectadas mudam o fluxo das informações e, assim, o poder de influência também é alterado. O que era vertical passa a ser horizontal, e indivíduos conectados começam a reescrever a História. Outras narrativas de mundo vão sendo criadas. Ainda bem.

Por isso, quero deixar dito: o futuro não deve ser o fim, o ponto de chegada, mas a resposta à força e à coragem de um movimento que deve se iniciar agora, no presente. As reflexões e os questionamentos não podem ser vistos apenas como meras divagações. Eles têm que ser encarados como motores que impulsionam nossas ações em direção a um legado para as gerações futuras. Somos parte de um vasto emaranhado, e cada pessoa desempenha um papel único e intransferível.

Que essa inquietação sobre sermos bons ancestrais persista, nos inspirando a forjar um futuro de esperança para mais pessoas. Afinal, o destino da humanidade está entrelaçado em um tecido atemporal, em que passado, presente e futuro se abraçam, e cabe a nós escrever os próximos capítulos dessa envolvente narrativa. Embora as mudanças mais estruturais e significativas aconteçam no plural, sempre há alguma mudança que a sua caneta ou seu movimento pode alcançar, não se limitando aos cenários futuristas com colaboração entre androides e humanos. A lógica que eu costumo usar é: o passado condiciona, o presente desafia e o futuro interroga. Quais perguntas você criou, depois do capítulo anterior, para o futuro?

Em minhas aulas, costumo dizer que penso no futuro não no singular, mas no plural: *futuros*. Os pesquisadores

Trevor Hancock e Clement Bezold também pensavam assim e, no artigo *Possible Futures, Preferable Futures*, recorreram ao Cone de Previsibilidade para explicar melhor essa ideia.

Na imagem do cone, o presente está na parte mais estreita e, do outro lado, os futuros prováveis, plausíveis e preferíveis, ou desejáveis. Sim, o futuro se desdobra em três cenários e em diferentes respostas para as perguntas que fizermos. Abrangendo todos esses futuros estão os futuros possíveis – e não há como pensar no que está por vir sem cogitar todas as possibilidades.

No futuro provável, para responder à pergunta "O que será?", as previsões lidam com o que provavelmente vai acontecer. É como se olhássemos para a frente projetando o que aconteceu antes. Vejo esse futuro como uma lente conectada ao passado, que permite fazer projeções mais conservadoras e que, por isso, nos dá menor potência de mudança no que está adiante. É o futuro que vemos ao analisar planejamentos mensais e anuais, por exemplo, em uma conexão linear com o passado e o presente.

O futuro possível responde à pergunta "O que pode ser?". Aqui, a delimitação do campo do possível lida com o que é exequível. Começamos a buscar possibilidades para além das probabilidades. Nesse futuro, temos sinais e ameaças, no nosso presente, do que virá. Ele é o resultado das escolhas que fazemos para realizar mudanças no presente da inércia.

O terceiro futuro, chamado desejável, responde à pergunta "O que sonhamos ser?". Nesse caso, temos a resposta mais entusiasta, que permite construir e imaginar algo que não se sabe se está por vir. Isso é feito ao compartilharmos narrativas de futuro com outras pessoas, construindo um imaginário com grandes possibilidades.

A relação entre esses três tipos de futuro não é trivial. O desejável precisa respeitar a disciplina do provável e do possível. Por outro lado, é preciso abrir espaço para o sonho movido por aquilo que ainda não se sabe nem se tem certeza. Aqui há um ponto de atenção, quem sabe até mesmo uma armadilha: quando o novo está em jogo, resignar-se ao provável e ao exequível é condenar-se à repetição – ou seja, a um futuro que de novidade quase nada tem. Por isso, precisamos entender que, no universo das relações humanas, o futuro responde à força e à coragem do nosso querer e dos nossos movimentos.

Em *O valor do amanhã*, Eduardo Giannetti afirmou que "a capacidade de sonho fecunda o real, reembaralha as cartas do provável e subverte as fronteiras do possível. Os sonhos secretam o futuro". Esse conceito faz parte do que entendemos como alfabetização dos futuros, que define a capacidade de imaginar o que está ainda em construção diante de nós, para compreender sua importância. Assim, nos aproximamos das fontes de nossos medos e nossas esperanças, para perceber o papel do futuro naquilo que vemos e fazemos no instante vivido. A alfabetização dos futuros nos permite imaginar o que vem pela frente e contribuir, ainda no presente, para dar início ao processo de criação, transformando a realidade e abrindo caminhos para nos guiar rumo ao cenário desejável, ao futuro que sonhamos.

No contexto corporativo, esse raciocínio precisa promover a seguinte reflexão: como as agendas das empresas e da alta liderança podem refletir melhor os desafios e as urgências do nosso tempo para a construção dos futuros desejáveis?

As pessoas nascidas entre 1990 e 2010, que chegam ao mercado de trabalho a partir da segunda década do novo milênio, têm se mostrado preocupadas com as mudanças que podem ser feitas agora para tornar o futuro melhor para elas. Conhecidas como geração Z, já compreenderam que não basta viver apenas o hoje e que é preciso ampliar o horizonte temporal. Aprender com a evolução da natureza é uma excelente forma de saltar da compreensão limitada do tempo imediato, contado por minutos, dias e meses, para se pensar em séculos. Não gosto da ideia de colocar o meio ambiente como um bem ou algo que nos pertença, porque, na verdade, não é uma posse, mas algo que simplesmente existe. Vivemos com ela uma relação de interdependência, na qual somos parte de um todo; rios, mares, plantas e florestas não são nossos nem estão a nosso serviço. Ao longo de bilhões de anos, os ecossistemas resistem com diferentes espécies interagindo entre si. Elas retiram somente o que precisam para sobreviver dos lugares onde estão e por onde circulam. Ao mesmo tempo, cuidam para que o ambiente do qual dependem permaneça vivo e esteja disponível para os que virão.

A alfabetização dos futuros nos permite ser mais esperançosos e, como diria o educador e filósofo brasileiro Paulo Freire, a saída está na esperança. Está em reconhecermos problemas e propormos soluções, tomando decisões coerentes com o futuro desejável. Isso envolve a criação de ambientes seguros para que as pessoas possam ser quem elas são, desenvolver todas as suas potencialidades e se sentir bem enquanto constroem o porvir que também desejam, sem perder parte de si no processo. É sobre isso que estamos falando aqui. No entanto, infelizmente, você e eu sabemos bem que ainda existem espaços profissionais que geram insegurança e limitam o potencial das equipes. Assim, as pessoas adoecem e diminuem a própria potência apesar do quanto têm dentro de si para compartilhar. Repensar ambientes tóxicos que conduzem a futuros destrutivos é uma urgência do nosso tempo. As organizações precisam criar espaços seguros para que as pessoas possam se expressar, aprender, conviver e se relacionar sem medo de ser menosprezadas por conta de suas próprias identidades ou características. Para quem vem do contexto de minoria, isso se torna ainda mais importante.

Eu ainda era bastante nova quando assumi o primeiro cargo de liderança executiva. Tinha cerca de 20 anos e estava tentando me encontrar em um ambiente muito diferente do que aquele de onde eu tinha vindo. Era a única mulher e única pessoa negra ali, e acreditava que, para me encaixar, precisaria ser como aqueles que me cercavam, já que eles eram os modelos do que significava sucesso. Feliz com a recente promoção, passei dias me preparando para uma grande apresentação na primeira reunião com o novo cargo. Sentia muito orgulho do projeto que liderava e depositei, em cada slide, todo meu conhecimento e amor por aquilo que estava construindo.

Ainda me lembro do frio na barriga quando chegou a minha vez. Falei tudo o que havia preparado e me coloquei à disposição para responder às perguntas. Eu conhecia cada detalhe do projeto ao qual tanto tinha me dedicado e estava certa de que saberia responder qualquer ponto. Porém, nada me preparou para o comentário que veio a seguir:

— Até que você está bonitinha hoje, Grazi.

Fiquei confusa. O que exatamente aquele comentário tinha a ver com tudo que eu havia acabado de apresentar? E por que meu colega de trabalho sentiu que seria apropriado dizer aquilo naquele momento? Da confusão veio o entendimento, que ilustro em uma frase atribuída à escritora e poetisa Maya Angelou:

> As pessoas esquecerão o que você disse, esquecerão o que você fez. Mas elas nunca esquecerão como você as fez sentir.

Durante algum tempo, deixei de colaborar de forma ativa com meus colegas. Não fazia perguntas ainda que tivesse dúvidas, não buscava opiniões. Fiquei na defensiva para não me expor. Todos saímos perdendo, tanto minha equipe quanto eu. Hoje, percebo que meu comportamento foi fruto das inseguranças que senti após aquele comentário na reunião. Por mais que tivesse me preparado para a apresentação, dado meu melhor, apenas minha aparência importava. Anos depois, participando de programas que incentivam lideranças negras e a inserção de pessoas racializadas em empresas tecnológicas, pude aprender sobre a importância de ser uma liderança inclusiva.

Ao estudar os impactos positivos da segurança psicológica nos ambientes de trabalho e aprendizagem, passei a engajar ativamente em programas de inclusão e equidade. A Grazi de 20 anos não tinha letramento, musculatura ou destreza para lidar com situações assim, por isso se retraiu. Ao mesmo tempo faltaram políticas e processos antidiscriminatórios que pudessem impor limites nos comportamentos coletivos. Atualmente, empresas têm criado canais de denúncia e respostas efetivas para lidar com casos do tipo e com as práticas de ESG (governança ambiental, social e corporativa). Estamos avançando, mas ainda há muito o que ser feito. Precisamos continuar construindo o futuro.

As minhas vivências e as de pessoas com quem compartilho as trincheiras me fizeram perceber a importância de modificar a tônica dos espaços corporativos por meio da inclusão, para que mais pessoas, parecidas ou não comigo, possam criar dinâmicas mais saudáveis de convivência. Para, ainda, que o discurso de meritocracia não seja vendido para justificar a exclusão da diversidade. Quando vejo outras mulheres compartilhando situações como as que vivi no ambiente de trabalho, posso compreender que o que aconteceu naquela primeira reunião não foi culpa minha. E posso ajudar a estabelecer as bases para que situações assim sejam banidas. Dessa forma, a Grazi Mendes que fui direcionou esforços para que houvesse maior diversidade no âmbito empresarial, contribuindo para a visão de futuro que desejava.

Preciso pontuar o incômodo que sempre senti nas muitas vezes em que vi minha história ser vendida como um discurso de superação por pessoas e organizações sempre tão aptas a negar os efeitos do racismo ao endossar a meritocracia. Não é essa abordagem que proponho aqui. Gostaria, na verdade, de trazer mais um questionamento: para além da narrativa do empenho individual, quais estratégias podem ser de fato capazes de transformar a realidade em que vivemos?

As escolhas que fazemos hoje – onde investir dinheiro, o que e quem nossos recursos financiam, quais políticas que aceitamos dentro de uma empresa e como buscamos trazer a diversidade e a inclusão para o mercado de trabalho – fazem parte da construção do futuro e são as ferramentas para contornar o enaltecimento de uma meritocracia irreal que, além de não fazer bem a ninguém, dificulta ainda mais o caminho de quem se vê diante de tantos obstáculos. São nossas escolhas que definem se estamos contribuindo para um futuro próspero e possível para mais pessoas ou se estamos mantendo e ampliando as exclusões, criando uma rota única que limita quem pode ou não ter acesso. O futuro que você almeja é plural e inclusivo? E, se ainda não é, por quê?

Quando faço esse questionamento, costumo pensar também no significado de pluralidade e inclusão. Teremos um capítulo apenas sobre esse tema mais para a frente, mas quero, desde já, lançar sementes e ressaltar que temos o poder de impulsionar mudanças significativas não somente dentro da empresa, mas em toda a sociedade. E isso precisa ser feito de forma intencional. Então, faço mais uma pergunta: onde está nosso foco?

Como imagino, o futuro desejável é inclusivo e diverso. Por conta disso, escolho ações, hoje, que garantem que esse futuro seja alcançado amanhã. Acima de tudo, vislumbro um futuro próximo em que os mais jovens não irão naturalizar um modelo de trabalho adoecido deixado pelos antepassados e engolido pelas gerações subsequentes sem qualquer questionamento capaz de promover mudanças. Imagino um futuro em que capas de revistas deem espaço para premiar e honrar histórias humanas, de gente que conquistou e realizou grandes coisas sem negligenciar o que mais importa: a vida e a saúde. Um futuro em que ter sobrevivido a episódios de burnouts sucessivos não se torne um troféu. Imagino um futuro que nos permita repensar a maneira como educamos e como integramos as comunidades, para democratizar os acessos e trazer mais histórias para a primeira página. E esse é só o começo. Nutro a esperança de que assim será e, para além da imaginação e do sonho, trabalho e ajo para que essa realidade se materialize em tempos vindouros.

Santo Agostinho, um dos primeiros filósofos do cristianismo, afirmava que a esperança tem duas filhas: a indignação e a coragem. Essa ideia em muito me agrada, pois vejo ambos esses elementos como forças motrizes para impulsionar a mudança. A indignação nos ensina a não aceitar as coisas como estão no momento, e a coragem nos leva a assumir as rédeas da situação e mudar aquilo com que não concordamos.

Vemos o futuro se descortinar com avanços extraordinários e muito importantes. Cidades inteligentes, geladeiras que se abastecem sozinhas, robôs que limpam a casa. Ao mesmo tempo, nos impomos desafios igualmente monumentais: para onde vão e como são tratadas as informações que coletam sobre nós, muitas vezes sem consentimento e sem a segurança e privacidade de dados? Qual é o futuro dessas informações?

Quando trazemos essas reflexões, permitimos redesenhar a configuração atual para que as novas tecnologias não reproduzam padrões de séculos passados, mas sejam atualizadas diante de um mundo e uma sociedade em constante mutação. Falaremos mais à frente a respeito do conceito das Tecnologias da Esperança, mas, antes de entrar nesse assunto, quero compartilhar a mensagem que guia meu futuro: reeducar o olhar, reeducar a esperança.

Precisamos repensar a tecnologia e a estruturação da sociedade para criar ferramentas, caminhos e pensamentos que mudem o que acontece no presente e não queremos que se perpetue indefinidamente. Só assim seremos capazes de moldar um futuro melhor para todas as pessoas. Para isso, é preciso também usar a imaginação. Como imaginar um lugar melhor? Qual seria o futuro melhor? O que é de fato melhor?

Nos últimos anos, cada vez que encerro a participação em algum evento em que sou convidada a falar e volto para casa, fico maravilhada ao receber notificações e menções pelas redes sociais, com relatos de quem me ouviu e acolheu o que escutou. A minha alegria vem pela certeza de que as palavras compartilhadas para uma plateia desconhecida ecoaram e encontraram pessoas com incômodos semelhantes ou até mesmo diferentes, mas que permitiram a criação de diálogos amplificadores. Toda vez que vejo essas mensagens ou que alguém vem falar comigo quando largo o microfone, me sinto tomada pela emoção do momento e pela felicidade de poder compartilhar o mundo e a história com quem também quer construir novos caminhos. São pessoas que visualizam um futuro semelhante àquele que imagino. Pessoas que querem fazer a diferença. Pessoas que também me emocionam com suas histórias.

    Durante a pandemia, senti muita falta de encontros presenciais. Embora, pela internet, eu conseguisse sentir todo o carinho que as pessoas enviavam a cada post novo publicado no LinkedIn, a cada foto postada no Instagram, a cada conversa on-line ou reunião virtual, não era a mesma coisa. Sentia falta de ver gente, de abraçar, de conversar, de ouvir vozes e risos, de histórias contadas sob uma xícara de café fumegante. Assim, trago um momento especial desse retorno, em 2022, quando pude participar da Expo Favela, uma feira de negócios composta por expositores que são empreendedores de startups dos morros. Chegando ao pavilhão do evento, passei algum tempo vendo os estandes e conversando com expositores, ouvindo histórias, aprendendo sobre começos de negócios e entendendo de onde tinham surgido ideias tão potentes. Algumas tinham sido criadas durante um dos períodos mais sombrios dos últimos tempos, e outras já existiam antes e sobreviveram à incerteza de todos os impactos destrutivos provocados pela pandemia de covid-19. Eu sorria sem parar, porque via ali a cara do Brasil que acredito: um país que insiste em ser melhor, em ser uma nação possível.

A Grazi caloura da turma de Administração do fim do século passado não imaginava que a Grazi do futuro pisaria em um lugar como aquele, com tantos empreendedores geniais que, longe do asfalto, cresceram nas vielas das grandes cidades e que estavam no mesmo lugar para falar de negócios rentáveis. A Grazi estudante que ainda alisava os cabelos enquanto buscava rotas para contornar o presente cheio de obstáculos não podia supor que, como executiva, algumas décadas depois, se encontraria com tantos presentes invisíveis. Eu não vislumbrava esse porvir, porque até então ele não era visível. Contudo, os jovens de hoje podem sonhar com realidades que extrapolam e muito o que lhes é apresentado, porque agora eles veem o que a minha geração e nossos antepassados não viram. É o que a ativista dos direitos civis Marian Eldeman afirmava: você não pode ser o que não pode ver.

Diante do que é visível agora, das sementes lançadas que já germinam e dão frutos, celebro os futuros possíveis que se desenham para aqueles que virão. E esse é um dos guias aos quais me agarro a cada vez que crio ações para ressaltar a importância da diversidade e da inclusão: reforçar a pluralidade de histórias, combatendo o perigo da história única, conforme a teoria da escritora nigeriana

Chimamanda Ngozi Adichie, que transformou em livro sua palestra sobre os riscos de nos fecharmos numa visão de mundo que não contempla outras narrativas.

O compartilhamento de pontos de vista e ideias diferentes é capaz de modificar tudo. Imagina que chato seria estar em um local em que todas as pessoas têm a mesma vivência e histórias parecidas com a sua! Do ponto de vista da identificação, pode parecer interessante, mas não do aprendizado e da possibilidade de inovação. A pluralidade de pessoas leva à pluralidade de ideias e nos mostra novas formas de fazer o que quer que seja. Foi, inclusive, por meio dessas trocas que aprendi a ter menos medo de errar. Lembra a experiência frustrante da minha primeira reunião como liderança executiva em um ambiente no qual só havia eu de mulher? Um dos resultados imediatos daquela situação foi a intensificação do meu medo de falhar. Sentia nos meus ombros o fardo de ser a primeira: a primeira mulher, a primeira pessoa negra. Tinha conseguido o que, segundo pesquisa do Instituto Ethos, menos de 0,4% das mulheres negras em nosso país alcançaram e, na visão de muitos dos que estavam comigo, minha história servia de exemplo. Não como forma de inspiração para a criação de programas que permitissem que mais pessoas como eu chegassem até ali, mas exemplo de que perseverança e força de vontade são suficientes para conquistar qualquer coisa. Sabemos que não é bem assim.

Como a única mulher negra naquele ambiente, sentia o peso de representar todas as outras. Se eu errasse, não era Grazi Mendes que errava, mas uma mulher negra. E logo o discurso poderia tomar um viés um pouco mais complicado, e aquele erro poderia se tornar uma justificativa para a não criação de programas que buscassem trazer a diversidade, equidade e inclusão como vetores de transformação não somente do futuro das organizações, mas de todo o mercado.

Quando comecei a participar de mais programas e eventos movidos pela intensidade da diversidade e inclusão, aprendi a abraçar o desconforto e entender que nem sempre teria as respostas certas, mas que poderia buscá-las. Estamos neste mundo para aprender. A partir desse aprendizado, pude reforçar minha ideia do que visualizava para o futuro. Nesse exercício de imaginação, definimos as diretrizes daquilo que consideramos importante para a construção das transformações que queremos trazer à realidade. Mais do que uma métrica de investimento, esses tópicos são uma demanda de criação de valor a longo prazo para todas as partes interessadas – e têm sido cada vez mais relevantes na hora de tomar decisões.

A palavra imaginar significa idear, fantasiar, criar em nossa mente, e a imaginação é ativamente conectada à memória, construída a partir das conexões com emoções significativas. Acima de tudo, imaginar significa se permitir sentir, pensar e conceber ideias, algo bastante complicado de ser feito quando cedemos à pressa e à pressão das urgências não urgentes. Por isso, novamente pergunto: você coloca a visualização de um mundo melhor como uma prioridade? Ou se preocupa tanto com o agora e com a próxima tarefa a ser riscada da listinha que deixa de lado a urgência de pensar nas ações feitas hoje que terão impacto lá na frente? É para isso que estamos aqui: para reorganizar nossas prioridades e trazer o foco para tarefas globais e futuras. Você se permite imaginar?

Para termos coragem de imaginar um lugar melhor, podemos começar analisando o que tem ocupado nosso tempo, porque ter uma agenda lotada não é sinal de que estamos contribuindo com o mundo de forma significativa. Infelizmente, o acúmulo de funções e a correria do dia a dia acabam sendo formas de nos dessensibilizar. Encaixamos tarefas vitais entre uma reunião e outra não como forma de senti-las, mas para continuar abastecendo os motores para produzir ainda mais. Esquecemos de nos alimentar, de beber água, sentimos culpa quando paramos por alguns instantes para olhar o celular ou ler algumas páginas de um livro por puro lazer. Quando foi que viver se tornou apenas trabalhar? Nossas tarefas geram valores reais ou são apenas formas de nos ocupar?

O sentido da vida nada mais é do que vivê-la. Vivemos para viver. Ponto. Essa é uma perspectiva muito mais bonita e interessante do que a mercantilização de um padrão de felicidade estetizado em que apenas a busca pelo propósito no trabalho, profissão ou cargo dá sentido ao que se faz e a quem se é. Guimarães Rosa, meu conterrâneo mineiro, poeta e romancista conhecido pela maestria com que brincava com as palavras, escreveu um trecho de que gosto muito:

> O correr da vida embrulha tudo,
> a vida é assim: esquenta e esfria,
> aperta e daí afrouxa,
> sossega e depois desinquieta.
> O que ela quer da gente é coragem

No começo deste capítulo, mencionei uma palavra que, para mim, é a chave da nossa relação com a ancestralidade e com a imaginação: aprendizado. A nossa capacidade de nos instruirmos e absorvermos saberes diferentes, aplicando-os para criar o mundo da forma como queremos, é o que muda tudo. O saber pode vir da nossa capacidade de nutrir e articular inteligências disponíveis, encontrando novas possibilidades, caminhos mais diversos, percursos mais criativos, rotas mais inovadoras. De forma coletiva, buscamos soluções para os problemas que também são coletivos. Usamos nossa imaginação em conjunto e a inteligência coletiva para construir em vez de aceitarmos uma única visão.

Durante muito tempo, fomos levados a suprimir nossa imaginação, uma característica tão latente do ser humano, responsável pela invenção de novas tecnologias. Fomos forçados a produzir, produzir e produzir até nos fundirmos com a máquina, deixando a imaginação e nossas subjetividades de lado. Hoje, tentamos recuperar o prejuízo, nos reconectando às nossas essências, reavivando a imaginação, a intuição e a criatividade.

O imaginário do que compõe uma boa liderança executiva vem sofrendo mudanças ao longo dos anos. A liderança executiva não está mais necessariamente conectada à estrutura organizacional, mas à forma como se comporta e as influências que exerce. Mais do que um cargo, é um exercício de iniciativa e impacto. E, para mim, a imaginação está intrinsecamente conectada com o que abordaremos no próximo capítulo: a capacidade de sonhar. Quando a gente sonha junto, o sonho é pura potência.

> ### CANETA, PAPEL E AÇÃO
> 1. Classifique as tarefas da mais urgente para a menos urgente. Ao fazer isso, reflita sobre a importância e o impacto de cada tarefa.
> 2. Para cada tarefa, anote quais podem ser as consequências a longo prazo. Pense em como essas tarefas contribuem para seus objetivos e sonhos de longo prazo e para a história que você deseja contar daqui a um ano, por exemplo.
> 3. Escolha três tarefas da sua lista e descreva como elas estão diretamente conectadas aos seus valores e ao futuro desejável que você almeja. Como essas tarefas podem ajudar a pavimentar o caminho para alcançar seus sonhos e objetivos de vida?
> 4. Desenvolva um plano de ação para cada uma das três tarefas escolhidas. Inclua etapas concretas, prazos e recursos necessários para garantir que você possa realizar essas tarefas de maneira eficaz e alinhada com seu futuro desejável.

4
Debaixo das letras douradas do propósito

Nossos sentimentos são nossos caminhos mais genuínos para o conhecimento.

AUDRE LORDE

"Era uma vez um peixe que, um dia, foi até um ancião e disse:

— Tô procurando um negócio. Um tal de oceano.

— O oceano? Você está no oceano — respondeu o ancião.

— Isso? — retrucou o peixinho. — Isso aqui é água. O que eu quero é o oceano."

O diálogo acima é do filme *Soul: uma aventura com alma*. Para além de todas as lições que a animação da Disney provoca, essa história ficou gravada em minha mente em letras garrafais. Eu poderia escrever textos e mais textos a respeito dos diferentes ensinamentos que podemos tirar desse pequeno diálogo. Depois de assistir ao filme, fiz um exercício interessante: pesquisei a palavra "propósito" no Google. Somente a palavra, sem nenhuma outra referência para direcionar o mecanismo de busca. Logo no começo surgiram as definições, os diferentes significados no dicionário. Mais abaixo, no espaço dedicado a páginas de sites; o que mais encontrei foram textos do LinkedIn e de blogs ensinando as pessoas a encontrarem o próprio propósito. E é disso que quero falar aqui.

Falar sobre propósito está na moda. Qual é o seu propósito? Você sabe qual é a sua missão? Consegue responder a essas perguntas que, diga-se de passagem, são feitas com uma frequência cada vez maior? Conheço pessoas que passaram anos debatendo essa questão, angustiadas pela dificuldade de encontrar caminhos. Sentindo-se absurdamente frustradas por não terem uma grande missão, um talento extraordinário ou metas audaciosas para projetar o futuro, algumas buscaram mentoria, coaching e referências de sucesso. Se você não conhece alguém que já passou por isso, é provável que tenha sido você a viver esse dilema.

Já faz algum tempo que o *imperativo do propósito* reina como lógica vigente e insistente no mercado de trabalho. Em praticamente todas as páginas de empresas na internet, é possível encontrar manifestos bonitos e missões inspiradoras que projetam uma imagem de organização comprometida com um "mundo melhor". Contudo, uma coisa é dizer, outra é fazer. Por vezes, do lado de dentro, na visão de quem faz parte da empresa, essa imagem não se sustenta nem reflete nas dinâmicas cotidianas, pois, na realidade, essas afirmações grandiosas são apenas uma tentativa da empresa de camuflar realidades detestáveis, como precarização das condições de trabalho, destruição do meio ambiente e ampliação das desigualdades. Em casos assim, a declaração de um propósito nobre é algo puramente mercadológico e visa apenas ampliar o lucro.

Essa lógica existe desde a época fordista. Produzir mais. Fazer mais. Ganhar mais. Mais-mais-mais-mais. O objetivo sempre foi o de garantir a capa da revista, o tão sonhado helicóptero ou o iate para os fundadores da empresa. Será que podemos dizer que isso mudou? Ou será que, agora, esses objetivos carregam consigo um discurso com uma mensagem mais bonita, mas que, no fundo, serve apenas para reiterar e perpetuar os mesmos valores de sempre?

É importante ressaltar que, ao dizer isso, não faço apologia ao fim da lucratividade, pois isso não faria sentido com a realidade em que vivemos. É claro que queremos que as empresas lucrem, que paguem as contas em dia, que arquem com os boletos do que consomem e remunerem bem os funcionários. O que incomoda é que o discurso sobre propósito nas empresas passe por uma maquiagem que, como consequência, gera um modelo idealizado de carreira e do que deve ser considerado sucesso na vida profissional e pessoal. Como se a experiência de uma vida pudesse ser reduzida a uma busca frenética – e muitas vezes hiperindividualista – por um propósito para chamar de seu.

Em livros, cursos e vídeos no YouTube cujo título geralmente vem acompanhado de expressões como "cinco passos", "a melhor forma" ou "aprenda de vez", é possível encontrar uma receita base para descobrir seu propósito. Essa receita existe por um motivo: ela vende. No entanto, seguir esse caminho pode resultar no triunfo de frustrações, ansiedades e decepções, como alerta o filósofo francês Gilles Lipovetsky, especialista em discutir questões contemporâneas, em *A estetização do mundo*.

Se tudo à nossa volta diz que o caminho para o propósito e o sucesso é seguir determinados passos, parece até contra produtivo decidir caminhar em outra direção, remar contra a maré. Afinal, se deu certo para tantas pessoas, por que não daria certo para a gente? E então, ao que parece, grande parte das pessoas acredita que ficar mudando de empresa e pulando de oportunidade em oportunidade, em busca de realização, é o caminho mais fácil para viver os sonhos e se sentir pleno e feliz, como se tivessem a certeza de que o ápice sempre estará no próximo emprego, no próximo projeto, na próxima empreitada.

A dúvida que fica é: como saber que esse propósito foi alcançado e o que acontece depois? Lembra-se do filme que citei no começo deste capítulo? Foi quando o assisti que percebi o quanto não gostava do discurso que banaliza a missão e o propósito no universo do trabalho. Isso me fez pensar nas muitas vezes em que vi pessoas jovens frustradas por não terem encontrado seu propósito. É surreal conversar com quem está ingressando no mercado de trabalho e perceber que, de alguma forma, todas essas pessoas sentem que já estão atrasadas. Isso porque acabaram de chegar! A sensação que elas têm é que falta uma formação, um curso, um idioma, um contato. Sentem que não têm experiência suficiente, nem o conhecimento que julgam ser necessário. Acham que estão deslocadas por não saberem o propósito da própria vida. Daí, o que deveria ser um caminho de aprendizado se torna fonte de frustração e comparações.

Um dia, uma colega de trabalho comentou comigo que estava triste por não ter conseguido fazer um exercício de definição de propósito que lhe fora passado pelo *coach*. Ela chegou até a ter crises de ansiedade, como se escrever uma frase bonita fosse a chave para tornar a vida mais significativa e finalmente encontrar seu lugar no mundo. Ouvi seu desabafo, ciente de que ela não estava sozinha naquele dilema. Essa é a pressão sentida por muitos jovens e por quem mais se vê em crise com o exercício profissional. Entretanto, o curioso é que as pessoas mais interessantes que conheço nunca se preocuparam com isso.

Por isso, quando questiono essa busca incessante pelo propósito como centralidade da vida e do sentimento de felicidade, quero refletir sobre o cansaço e o sofrimento que a acompanha. Afinal, é inevitável: toda ilusão carrega consigo uma desilusão. Na verdade, não dá para escapar de sofrer desilusões em algum momento da vida. A mensagem que quero deixar aqui não é sobre desistir das coisas ou não ir em busca delas, não lutar pelo que se busca, nem ir atrás dos sonhos. O problema está em entender isso como objetivo único da vida e se ausentar das próprias vivências. As experiências fazem sentido porque nos fazem sentir a vida como acontecimento. E é nesse ponto que quero ressaltar a diferença entre legado e propósito. Gosto de ver o último como a intenção e o primeiro como o que fica de verdade.

Tanto legado quanto propósito são conceitos fundamentais para entender a importância de nossas ações e escolhas no mundo. O legado é o impacto que deixamos, seja em nossas comunidades, em nossas famílias ou no mundo em geral. Pode ser algo tangível, como uma construção ou uma instituição, ou intangível, como uma ideia ou uma tradição. O legado também pode ser positivo ou negativo, dependendo das ações que tomamos.

O propósito, por outro lado, é o significado e o objetivo de nossas ações. É o porquê de fazemos o que fazemos e como nossas ações contribuem para um objetivo maior. O propósito nos dá uma direção e nos ajuda a entender como nossas ações estão relacionadas ao mundo ao nosso redor.

Juntos, esses conceitos nos ajudam a compreender como podemos influenciar positivamente o mundo ao nosso redor. Ao compreendermos o legado que deixaremos e o propósito de nossas ações, podemos tomar decisões conscientes e estratégicas para contribuir para uma causa maior.

Para construir um legado positivo e alcançar um propósito significativo, é importante estarmos atentos às nossas ações e escolhas diárias. Isso inclui sermos conscientes de como nossas ações afetam os outros e o mundo, e buscarmos formas de contribuir para uma causa que vá além das nossas bandeiras. Também é importante estarmos abertos a mudanças e aprendermos com as experiências, para que possamos continuar a evoluir e melhorar ao longo do tempo.

No fim das contas, tanto o propósito quanto o legado se entrelaçam e são conceitos fundamentais para entendermos a importância de nossas ações e escolhas. Não de forma isolada, mas de maneira conectada. Porque, apenas ao compreendermos o legado que deixaremos e o propósito de nossas ações, podemos tomar decisões conscientes.

> ### CANETA, PAPEL E AÇÃO
>
> 1. Escreva uma notinha sobre sua existência no estilo daquelas notas de obituários de jornal, que destacam o que a pessoa fez de mais relevante durante a vida. Pode parecer fúnebre, mas prometo que é importante. Afinal, encarar nossa finitude nos ajuda a perceber a urgência de estabelecermos o que queremos deixar como legado.
> 2. Depois de escrever essa notinha, que pode ser apenas um parágrafo, reflita sobre quais ações diárias podem contribuir para a construção desse legado, para que suas palavras se tornem verdade no futuro.
> 3. Após refletir sobre as ações diárias que podem contribuir para o legado desejado, pense em três áreas principais da sua vida (por exemplo, carreira, relacionamentos, desenvolvimento pessoal). Para cada área, identifique uma ação específica que você pode implementar imediatamente e que ajudará a construir o legado que você descreveu.
> 4. Para cada ação específica que você identificou, avalie o impacto potencial a curto e longo prazo. Como essas ações podem transformar não apenas sua vida, mas também a vida das pessoas ao seu redor?
> 5. Escreva um compromisso pessoal detalhado para os próximos seis meses, em que você se comprometa a realizar as ações específicas que identificou. Inclua metas mensuráveis e prazos para cada ação.
> 6. Programe revisões mensais para avaliar seu progresso em relação ao compromisso pessoal. Durante essas revisões,

reflita sobre os desafios que você enfrentou, as lições aprendidas e os ajustes necessários para continuar avançando em uma direção coerente.
7. Compartilhe seu compromisso pessoal com alguém de confiança, como um mentor, amigo ou familiar. Peça a essa pessoa para ser seu "parceiro de responsabilidade", ajudando você a manter o foco e oferecendo apoio ao longo do caminho.

5

O seu cuidado, o seu cuidar

Todo dia eu só penso em poder parar,
meio-dia eu só penso em dizer não,
depois penso na vida pra levar e me calo com a boca de feijão.

CHICO BUARQUE

Certo dia, enquanto estava em um momento de descanso, deitada na rede – algo que amo fazer –, dei uma olhada no Instagram e uma mulher que sigo estava compartilhando um pouco da própria rotina em seus *stories*. Naquela manhã, ela disse que tinha acordado por volta das 7h após dormir apenas quatro horas. E ela contava aquilo como se fosse algo bom, o retrato do comprometimento com os resultados que gostaria de atingir para entregar a performance esperada. Como se fechar os olhos por tão pouco tempo fosse a condição ou o sinônimo de viver em alta performance e fosse necessário contar isso ao mundo para validar a maneira como ela estava conduzindo a própria vida. Não sei por quê, mas aquilo ficou na minha cabeça.

Na semana seguinte, ela compartilhou nos *stories* alguns produtos de cuidados com a pele para ajudar a disfarçar as noites mal dormidas. De acordo com o que ela dizia, aqueles produtos faziam parte da rotina. E ali, completamente conectada, ela mostrava a jornada pessoal rumo ao que entendia como sucesso, como que numa novela acompanhada diariamente pelos seguidores. Mais algumas semanas à frente, a mesma mulher relatou que estava extremamente cansada e que não sabia o que fazer para se sentir melhor. Apesar de a resposta me parecer bastante óbvia, para ela pelo visto não era tão evidente assim. Ela precisava *descansar*. E talvez até mesmo se desconectar das redes.

Aliás, não só descansar, como dormir bem. Desligar o telefone. Diminuir o tempo de uso de telas. Alimentar-se bem, com alimentos nutritivos, em refeições não apenas engolidas e contabilizadas, mas também apreciadas. Ela precisava, de alguma forma, encontrar um bom equilíbrio entre trabalho e lazer. Se exercitar, não em busca de um corpo perfeito, mas de ser alguém funcional. Buscar uma vida com significado para além daquilo que se busca mostrar nas redes sociais. Se permitir parar. Respirar. Se cuidar.

Para alguns, descanso e cuidado são privilégios, porque a labuta de segunda a segunda é simplesmente o único caminho para a sobrevivência. Infelizmente, nem todo mundo tem acesso e pode usufruir de uma alimentação de qualidade, de uma boa noite de sono e de tempos de pausa. Todavia, descansar não deveria ser privilégio, muito menos ser visto como recompensa. Descanso e lazer são direitos fundamentais conforme a Declaração

Universal dos Direitos Humanos, elaborada pelas Organizações das Nações Unidas em 1948.

Você pode estar achando estranho eu entrar nesse assunto aqui, mas nenhum de nós será capaz de imaginar ou construir futuro algum se estiver adoecido ou exausto demais para sonhar, para continuar a construir e viver. Num avião, para conseguir ajudar os outros, em quem você coloca a máscara de oxigênio primeiro?

No livro *Sociedade do cansaço*, o filósofo coreano Byung-Chul Han afirma que estamos coletivamente sofrendo de hiperconexão. Sentimos a necessidade de estar conectados. Precisamos estar informados. Precisamos saber. E precisamos mostrar o que sabemos, o que vivemos e exibir que estamos em movimento. Acho sempre importante ressaltar que existe um lado extremamente positivo nas inúmeras possibilidades de conexão que temos hoje em dia, que nos permitem manter contato com quem mora longe, acompanhar a rotina de pessoas que amamos, ganhar tempo ao evitar deslocamentos desnecessários, resolver questões burocráticas sem sair de casa. Uma newsletter em meu e-mail, por exemplo, me avisa que uma artista que admiro fará um show em breve em minha cidade e que posso comprar os ingressos naquele instante, pela internet. Se quiser relembrar seus hits antigos ou conhecer os novos, basta digitar o nome dessa artista no YouTube e, em dois cliques, posso compartilhar esses vídeo com meus amigos. Além disso, a agilidade que ganhamos pelas redes é surpreendente. Se algo acontece do outro lado do mundo, ficamos sabendo quase na mesma hora. Outro aspecto positivo da internet é exatamente nos trazer mais referências: não precisamos consumir só o que está na televisão; podemos, por conta própria, buscar outras fontes para acompanhar. Isso, inclusive, pode ressaltar a representatividade. Contudo, até que ponto o volume de informações e de conectividade nos exaure? Até que ponto nos empurra a padrões de performance questionáveis?

Sigo um criador de conteúdo bastante criativo chamado Raphael Vicente. Ele faz vídeos de humor no TikTok e no Instagram com a avó, a madrinha, o afilhado e até o cachorro. Vindo do Complexo da Maré, ele conseguiu alcançar a fama por meio das redes sociais e teve até um vídeo compartilhado pela cantora Shakira. Graças à internet. Adoro acompanhar o que ele publica, e é visível como a atividade como produtor de conteúdo tem mudado a vida financeira da família. Então, sim, a conectividade pode fazer muito bem. O problema surge quando o excesso dela começa a atrapalhar nosso dia a dia. Quando existe a necessidade de estar on-line a todo instante, de saber de tudo, de mostrar tudo. Quando sentimos que não podemos ficar de fora de nada. A hiperconectividade e o enorme fluxo de informações são agentes de transformação, mas também de exaustão.

Qual é o resultado disso? Não preciso de muito tempo para encontrar duas faces da mesma moeda: pessoas que se vangloriam de trabalhar à exaustão para atingir os objetivos, como mencionei no início deste capítulo, e pessoas que já estão na outra ponta e relatam histórias comoventes sobre burnouts que sofreram por ignorarem mensagens enviadas pelo próprio corpo. Infelizmente, relatos de burnout estão cada vez mais comuns. Tão comuns que passamos a contar quantas vezes isso já aconteceu e a dar apelidos carinhosos, como burnoutinho. É a naturalização de algo que não deveria ser naturalizado. Acabamos absorvendo essa situação como uma parte inevitável da vida que alguém nos empurrou goela abaixo.

Outro dia, eram 8h da manhã quando me sentei em frente ao computador para continuar escrevendo estas páginas. Organizei tudo à minha volta para não precisar me levantar muitas vezes e me tornar mais produtiva na tarefa que me propus a desempenhar. Foquei durante trinta minutos e, então, meu celular apitou com uma notificação. Seria um e-mail de trabalho? Mensagem de amigo? Melhor verificar. E, por falar em e-mail, me lembrei de que precisava também preparar uma apresentação para o fim da semana, comprar as passagens para uma viagem a trabalho, responder cerca de cinquenta e-mails, fazer uma reunião de alinhamento de projeto, entregar os capítulos da dissertação do mestrado para a orientadora – com atraso – e responder à mensagem da editora que estava me pedindo atualizações acerca do andamento do livro.

Fico sem fôlego só de pensar em todas essas demandas e sem graça ao perceber que um dia desses representa a norma, não a exceção. Excesso de conectividade. Excesso de tarefas. Excesso de prazos. Excesso de entregas. Será que eu deveria dormir menos, como a mulher que vi no Instagram, e caprichar em ações para despistar os reflexos de uma vida tão assoberbada? Daí me pergunto: com tanta demanda do fazer, quando sobrará espaço para o ser? Que horas vou conseguir ser alguém que não está diante de uma atividade profissional? Alguém que não está querendo ganhar tempo só para produzir mais e mais? Como é que alguém pode conseguir se dedicar a todas as demandas e necessidades?

Para mim, dedicação é estar presente no momento e também cuidar de si. Sabe aquela sensação de estarmos com alguém que amamos, mas não sentirmos que de fato estamos ali? O corpo está presente, mas a mente está pensando em demandas de trabalho e no que poderia estar sendo feito naquele momento. Nesse instante, não estamos nos dedicando nem ao trabalho nem ao lazer. É provável que você se esqueça da metade das demandas nas quais pensava enquanto deveria estar se divertindo. E, quando enfim chegar a hora de trabalhar, sua cabeça voltará para o momento de lazer não aproveitado. É como se o trabalho invadisse todos os poros da nossa existência.

A forma como nossa sociedade é estruturada impacta diretamente em como entendemos o trabalho. O poeta português Fernando Pessoa, sob o heterônimo de Álvaro de Campos, escreveu um poema sem título com o seguinte trecho:

> Não, cansaço não é...
> É eu estar existindo
> E também o mundo,
> Com tudo aquilo que contém,
> Com tudo aquilo que nele se desdobra

E afinal é a mesma coisa variada em cópias iguais.
Não. Cansaço por quê?
É uma sensação abstrata
Da vida concreta

Estamos flertando com a exaustão e, ainda assim, nos obrigamos a fazer mais, a mostrar mais, entregar mais, com medo de perder nossa relevância em uma realidade marcada pela brevidade das relações. Quantas vezes você já se pegou pensando algo como "se não fizer isso, vão julgar que sou incompetente", "terei todo o tempo do mundo para descansar depois", "só vou esticar meus horários hoje, isso não vai acontecer com frequência"? O problema é que vivemos uma realidade de trabalho que passa dos limites e promove o alheamento coletivo dos frutos dos nossos esforços. Não há espaço para comemorações, somente para fazer mais, produzir mais, ter mais. Aumentamos a competição do eu com o você e ignoramos a existência do nós. São esses os valores que queremos passar adiante? É esse tipo de ancestralidade que queremos construir? Que queremos ser?

As delimitações geográficas, afetivas e temporais do nosso exercício profissional têm se diluído e se misturado. Toda hora é hora de deixar nossas obrigações invadirem os momentos pessoais. Já não é mais possível saber onde nosso trabalho acaba e onde nós começamos. Angela Davis certa vez disse: "Não aceito mais as coisas que não posso mudar, estou mudando as coisas que não posso aceitar". Eu me inspiro nela para fazer um convite: vamos repensar a forma como vivemos? Se já entendemos a necessidade de voltar ao passado para compreender o presente, podemos fazer esse movimento mais uma vez para trazer o foco para as estruturas das relações laborais como as conhecemos.

Quando eu era caloura na faculdade, na primeira aula de Teoria Geral da Administração, o professor nos apresentou os grandes nomes da gestão e contou sobre a história e o mundo das organizações empresariais. Aprendemos sobre Frederick Taylor e o taylorismo – sistema que procura aumentar a produtividade dos trabalhadores por meio do controle da produção e da racionalização dos movimentos. Taylor transformou tudo em números, e os impactos do que ele propôs na segunda metade do século XIX ainda reverberam. Também aprendemos sobre Henry Ford, que, seguindo a lógica da Administração Científica, aperfeiçoou a linha de montagem das fábricas para sistematizar a produção em massa e reduzir os custos. Quero pontuar que o taylorismo e o fordismo foram processos necessários no contexto de crescimento industrial e no desenvolvimento do que entendemos hoje como gestão; fizeram sentido naquela época. Como sociedade, aprendemos muito enquanto saberes e formas de se produzir eram automatizados e permitiram escalar. Entretanto, é preciso ampliar o campo de visão para enxergar o que aconteceu a partir dali, fazendo o esforço de não nos fecharmos numa única narrativa e percebendo os "custos" que são parte dessa conta e que muitas vezes correm o risco de serem invisibilizados.

No processo que modelou nossa forma de trabalho, o que antes era um ofício transmitido de mestres para aprendizes, passou a ser traduzido em ações cronometradas, calculadas, rentabilizadas. Ficamos mais objetivos na criação, na produção e nas tomadas de decisões. Aprendemos a dividir tarefas, lidar com escalas e padrões para aumentar o faturamento das companhias. Nasceram os *job descriptions* – as descrições de cargo para definir o que se espera de cada função. E isso é bom? De certa forma, sim. Mas tem outro lado da história que não pode ser ignorado: nesse detalhamento de funções, as pessoas passam a ser apêndices de processos produtivos, recursos que podem ser facilmente substituídos e realocados, já que o mais importante passa a ser a linha de produção, a garantia de que os tempos e movimentos aconteçam dentro do cronograma proposto para atender as demandas do mercado. E onde ficam as pessoas? Foi o que o professor daquela matéria quis nos mostrar quando passou a tarefa complementar de assistir ao clássico *Tempos modernos*.

O filme do ator, comediante e diretor britânico Charlie Chaplin mostra bem a "conta" que nem todo mundo quer enxergar. Ao captar a mensagem de que não dá para aplicar em humanos conceitos ligados a máquinas, uma chave virou dentro de mim. Como o que me foi mostrado na tela era atual e futurista! É como se as pessoas envolvidas no roteiro já pudessem prever o que viveríamos no século seguinte. A ironia de Chaplin, ao nos dar uma visão um tanto cômica quanto realista da rotina de um operário, é pungente. Vemos um indivíduo que busca se estabelecer em uma sociedade com cada vez mais inovações tecnológicas, desempenhando uma função trivial e fatigante. Ele aperta os parafusos, enquanto o chefe cobra o aumento constante e sistemático da produtividade. Até que o empregado é "engolido" por aquilo que opera, entrando nas engrenagens e se tornando um apêndice da parafernalha. Lançado em 1936, o filme é visceral na crítica feita à desumanização das pessoas, à exploração dos trabalhadores e à repressão dos movimentos sociais. É o que percebo ser um grande sequestro das subjetividades. A objetividade trouxe avanços significativos para a gestão de empresas, também permitiu que alcançássemos resultados importantes para a geração de empregos e viabilidade de muitos negócios. No entanto, é igualmente importante questionar os custos desse foco excessivo na objetividade. Onde foi que nos perdemos? Por que tantas coisas deixaram de fazer sentido, enquanto outras nunca fizeram, mas ainda mantemos a lógica de tratar as pessoas como meros recursos ou apêndices de máquinas? Por isso, à medida que nos tornamos mais eficientes e produtivos, é fundamental lembrar que somos seres humanos, com subjetividades, emoções e necessidades individuais. Ao nos sequestrarmos em nome da objetividade, da meta, do número na planilha, perdemos a essência daquilo que nos torna gente.

Essa não é uma discussão datada da metade do século passado em um filme mudo em preto e branco. Quase cem anos depois do lançamento da obra do genial Charles Chaplin, cá estamos, sendo engolidos pela máquina, por equipamentos mais modernos, sedutores e sofisticados.

Mais do que nunca, estamos sendo sugados para dentro de sistemas cruéis que nos aniquilam, nos padronizam, nos transformam em objetos à medida que nos distanciamos das nossas essências e nos tornamos menos humanos. Essa obra-prima cinematográfica continua sendo um excelente instrumento didático para nos ajudar a compreender como as pessoas cedem à tentação de abrir mão dos próprios sonhos e aspirações para cumprir metas em processos enlatados, comandados por quem está numa posição hierárquica superior que nem sempre consegue enxergar seres humanos no lugar das posições que ocupam. Assim, muita gente passa uma parte significativa da vida sem prestar atenção ao que é essencial. Com agendas lotadas, mas existências vazias. Em vidas ocupadas, sem espaço para ser quem é. Devemos nos questionar se o preço a pagar por esse viés excessivamente objetivo é realmente justificável.

Tudo isso ganha dimensões maiores quando consideramos que uma grande massa de pessoas batalhadoras sofre consequências diretas da precarização das relações de trabalho. Todos os riscos e custos das atividades profissionais são colocados nos ombros de quem está na ponta, sem a garantia mínima de segurança. É um peso grande demais para se suportar, especialmente quando se tem que lidar com os outros elementos da vida, que não se limita ao que é feito em horário comercial. Sinto que estamos adoecendo, mas optamos por ignorar os sinais nítidos. Cobrimos com remédios os alertas que nossos corpos nos dão, lotamos as agendas de nossos terapeutas e passamos por crises e doenças de ordem mental. Ao mesmo tempo, nos desconectamos tanto dos cuidados mais básicos que precisamos de aplicativos que nos lembrem de beber água ou de que está na hora de dormir. A impressão que tenho é bastante semelhante àquela de quando crianças teimam em não se deitar porque querem continuar brincando, apesar de estarem claramente cansadas e precisando de uma boa noite de sono.

O resultado de tudo isso é bem fácil de imaginar: estamos severamente exaustos, infelizes e doentes. Talvez essa seja a razão de precisarmos falar tanto sobre como re-humanizar as relações, sobre a necessidade de aprender a nos tornar vulneráveis e entender que não podemos funcionar como equipamentos programados. Temos que voltar a ser e a nos entender como gente, e não como seres maquínicos. É por isso que transformamos em pautas complexas temas que parecem ser básicos, mas, pelo visto, para muita gente não são. Falar de saúde mental e emocional entra nesse contexto, porque é um assunto que precisa fazer parte da estratégia dos negócios. Se as pessoas estão exaustas, infelizes e em sofrimento, não dá para fazer de conta que isso só importa para a existência fora do escritório. Não dá mais para pensar que são aspectos limitados à vida privada. Temos que ir além para pensar sobre essas dores e discutir essas questões a partir do coletivo.

Como alguém que está chegando agora ao mercado de trabalho e quer se firmar como um profissional comprometido sem acabar consigo mesmo no processo pode escapar dessas armadilhas? E quanto a quem já está no sistema e quer mudar a prática, como fazer? Entre tantas perguntas, uma em especial me atravessa: qual é o papel da liderança executiva na manutenção desse cenário engolidor de potências? Daí, outros questionamentos tão necessários quanto esses surgem para quem está em posições de poder: quais são as outras possibilidades de vida e o que estamos fazendo para mudar positivamente esse contexto nas equipes que conduzimos? As respostas se conectam diretamente com a vida que levamos, com as ações que tomamos e com o legado que queremos deixar. Legado, aqui, no sentido do que é transmitido às gerações que se seguem.

Se, como eu, você é um gestor, compartilho aqui uma sensação que tenho e convido você a se questionar sobre isso: você também tem a impressão de que a mensagem que passamos para os novatos no mercado é de valorização de uma rotina insana, de supervalorização de um trabalho que ignora o uso indevido dos escassos recursos naturais? Você já se perguntou por que tem tanta gente adoecendo? E o que essas pessoas têm feito para sair desse caos?

Certa vez, durante um evento, enquanto conversava com alguns jovens em início de carreira, fui surpreendida com a seguinte pergunta:

— Para ser bem-sucedida, eu preciso ter um burnout?

Arregalei os olhos e senti um desconforto me consumir. Um mal-estar terrível me atingiu com a constatação do tipo de mensagem que estamos transmitindo para quem aspira estar em posição de liderança.

— Obviamente não — respondi, um tanto quanto assustada e definitivamente muito reflexiva.

Não precisamos sucumbir no processo. Aliás, nem devemos tomar esse como um padrão. No entanto, o que mais me marcou naquela noite não foi a pergunta daquela jovem, que espero estar construindo uma carreira sem se deixar ser consumida pelos desgastantes processos que nos minam. O que me marcou foi constatar que a pergunta dela não é um caso isolado. Nos grupinhos de conversa, nas trocas informais, nos espaços por onde circulei, escutei vários relatos com certo tom de naturalização de quem conhecia bem o que é viver um esgotamento profundo. Guardei os diálogos e voltei para casa com aquelas conversas martelando na cabeça. Quer dizer que trabalhar até quase morrer virou um tipo de troféu e que temos que ostentar o nosso trabalhar até quase sucumbir? Em que mundo estamos vivendo?

Precisamos parar para analisar os rumos das nossas vidas, carreiras e corporações. Quando foi que começamos a ver burnout como algo positivo? Será que esse é mesmo um modelo de vida que desejamos inspirar? É essa é a cultura que queremos valorizar e implantar nos nossos times? É triste ver que pessoas que trabalham com horário certo por vezes se sentem coagidas a esticar o expediente pela pressão social, ainda que já tenham entregado as tarefas previstas e cumprido cronogramas. Daí o "burnoutinho" se metamorfoseia em uma espécie de troféu de dedicação e empenho, uma prova de que somos bons, comprometidos com nossas carreiras e pessoas de sucesso. Somos o Charlie Chaplin sorrindo enquanto a máquina engole nosso braço e nossa vida.

Me lembro da história de um CEO que precisava fazer uma cirurgia que era praticamente questão de vida ou morte. Às vésperas do procedimento, ele pediu para que as enfermeiras montassem uma sala de reuniões no hospital, porque precisava tratar de alguns assuntos essenciais. O que poderia ser mais essencial do que a própria recuperação naquele instante? Quando foi que trabalhar se tornou mais importante do que viver? Do que se cuidar? Temos que voltar o foco para o que merece nossa atenção: o combate às raízes do exaurimento das pessoas no ambiente profissional.

Em 2023, a busca por autocuidado no Google atingiu o nível mais alto dos últimos tempos. É tema de conversa nos almoços familiares, nas rodas de amigos e em ambientes de trabalho; as pessoas compartilham uma série de novos hábitos que podem ajudar a cuidar melhor de si. O líder indígena Ailton Krenak costuma dizer que os yanomamis se referem a nós como "o povo da mercadoria", aquele que se define e se transforma pelas coisas e pelos fins. Por exemplo: transformamos a ideia de que precisamos nos cuidar em rotinas ancoradas na compra e uso de produtos de *skincare*, em técnicas de respiração que podem ser aprendidas em cursos vendidos pela internet, em posições desafiadoras de ioga que tentamos copiar das redes sociais. Então, nos vemos embrenhados em novas e extensas rotinas para cuidar da pele, aplicativos de meditação, terapia virtual, métodos de estudo e concentração baseados no tempo ou em recompensas. A cada semana, um novo produto revolucionário é lançado, e as pessoas passam a se perguntar como conseguiam se concentrar antes disso.

E assim, sem que seja possível notar, se cuidar passa, de fato, a ser sinônimo de consumir. É quase como se quiséssemos comprar a nossa própria cura. Mas, apesar de podermos, sim, usar essas estratégias, nenhuma prática de cuidado se resume a isso. Também não dá para reduzir um assunto tão complexo a rituais individualizados sem pensar na lógica coletiva. Porque, quando o mal-estar é coletivo e contagioso, a resposta nunca será apenas uma cura individual, tampouco poderá ser encontrada em prateleiras. Intervenções pontuais até podem trazer alguns resultados imediatos, mas, quando os programas de saúde e bem-estar focam só nos aspectos individuais, eles não se sustentam a longo prazo. É o que alguns estudos têm sinalizado, o que nos leva a refletir no que pode ser feito para gerar efeitos prolongados e relevantes. Talvez esteja nos faltando pensar, com cuidado, sobre o que é o cuidado e o que é ser cuidado.

Precisamos voltar para a etimologia da palavra "cuidar" e perceber que, para cuidar de si, também é necessário se atentar ao outro. Cuidado! Você já parou para pensar no significado dessa palavra? Em todas as diferentes acepções, ela converge para a ideia de atenção. Atenção ao atravessar a rua, quando cuidado é usado como uma interjeição. Atenção ao tomar conta de você ou de outra pessoa, ao dedicar-se a algo ou alguém. Esses sentidos podem não parecer conectados uns aos outros, mas prefiro pensar que são complementares. Como se o primeiro passo para cuidar de qualquer coisa fosse estar em um estado de alerta, vigiar os sinais do nosso tempo. E que sinais seriam esses? Aqui, nas entrelinhas, já contei alguns deles. A prática do cuidado é uma combinação de compromisso, conhecimento, responsabilidade, respeito e confiança, como bem disse bell hooks em seu livro *Tudo sobre o amor*. É também uma lente estratégica para as organizações, com ênfase no coletivo. É uma forma de não alimentarmos o culto a um modelo de trabalho que nos faz acreditar que dedicação é viver para trabalhar.

No início de 2019, diante desse cenário e dos dados de adoecimento coletivo de uma geração de trabalhadores afetada por crises de ansiedade, burnout e depressão, eu, como líder da área de pessoas em uma grande empresa, decidi colocar na agenda estratégica a saúde mental e emocional das equipes. A princípio, não tínhamos as respostas, mas fomos tateando para tentar encontrar os limites do que, como organização, deveríamos fazer para combater as causas desse problema do mercado de trabalho contemporâneo. Buscamos referências, mas não queríamos copiar ninguém, nem seguir modelos prontos que não seriam adequados para nossa realidade. Optamos por começar uma jornada de bem-estar e saúde emocional como parte da estratégia do negócio, olhando para nosso contexto. Contratamos uma empresa para fazer um "mapeamento de estressores" das nossas especificidades e do nosso modelo de trabalho. Queríamos entender como as pessoas que trabalham conosco estavam, e como nossas atividades impactam a saúde mental delas. Esse diagnóstico foi essencial, porque por meio dele várias situações que antes passavam batido foram apontadas. Entendemos que era hora de agir. Desse primeiro relatório, criamos um guarda-chuva institucional: o programa Cuidado. O nome em si já é muito simbólico. Nesse programa, treinamos as nossas lideranças para o diálogo sobre saúde mental com as equipes. O treinamento se faz necessário porque nem sempre sabemos como agir diante do sofrimento alheio, e nem todas as pessoas falam abertamente sobre as próprias dores no ambiente corporativo, especialmente com os chefes.

Para o programa, preparamos muitos conteúdos e promovemos discussões com base na análise dos sinais do tempo e da exaustão dos funcionários, questionando a crueldade de culturas produtivas que nos levam a lutar por um sucesso inalcançável. Também desenvolvemos materiais de suporte e de apoio para quem está passando por momentos delicados. Com base em autores da psicologia, criamos guias com informações sobre tensões emocionais, estresse e pensamentos disfuncionais. Também sugerimos aplicativos aos quais recorrer para lidar com ansiedade e oferecemos contato por telefone gratuito em casos de crise. Orientamos as pessoas do nosso time a como acessar os canais específicos da empresa para cada tipo de situação.

Usamos uma lógica chamada Circuito Pulsional do Cuidado, que é a ideia de cuidar de si e do outro, e de saber receber o cuidado também – uma visão alinhada à proposta da Tríade do Cuidado, do psicanalista Lucas Liedke. São três dimensões que precisam acontecer ao mesmo tempo e que podem se desdobrar em várias práticas. Então, se eu cuido da minha saúde mental, vou buscar entender como eu funciono, quais são os gatilhos que me levam a me sentir mal ou me trazem para um ponto de tensão. Mas não vou parar por aí. Também vou cuidar da minha saúde financeira e da minha saúde física. Porque não existe uma saúde única; estamos inseridos em todo um sistema que faz parte de quem somos e que nos mantém de pé. Daí também vamos pensar em como, coletivamente, colaboramos com as saúdes das outras pessoas. Como vivemos conectados e nos impactando, temos que ficar atentos para não causar um trauma, não ser gatilho para o outro, especialmente em ambientes corporativos, onde infelizmente comportamentos nocivos muitas vezes são naturalizados. Como líderes, temos que criar ambientes seguros.

A importância de nutrir ambientes assim é fundamental para a saúde das pessoas e também para a inovação e a criatividade. Se você já ouviu falar em segurança psicológica, sabe exatamente do que estou falando. Se o conceito é novidade, eu explico. Amy Edmondson, professora da Harvard Business School, define segurança psicológica como um clima de confiança interpessoal e respeito mútuo, que cria um espaço em que as pessoas se sentem à vontade para serem elas mesmas e sentem que podem assumir riscos e ser vulneráveis na frente das outras pessoas. Sim, precisamos ser capazes de cuidar de quem está perto. Seja pessoa típica, atípica, neurodivergente, deficiente, com qualquer tipo de vivência que a coloque em posição de tensão ou vulnerabilidade.

Outro resultado do nosso processo reflexivo foi olhar para as nossas políticas de benefícios. Vimos que era hora de nos atualizar, porque o mundo mudou e a gente precisava mudar junto. Criamos pacotes para dar suporte a questões de saúde mental e emocional, pensando em como usar a estrutura da empresa para ir além. Por exemplo: semanalmente temos um momento com uma professora de ioga, em que paramos e respiramos durante onze minutos. Também levamos psicólogos para discutir temas complexos, como ansiedade e suicídio. Sem saber, estávamos nos antecipando para pensar em pautas que seriam essenciais no atravessamento de uma pandemia. Isso nos deu velocidade e estrutura, porque, quando chegou março de 2020, já tínhamos um programa para fomentar e oferecer suporte às pessoas. Enquanto o coronavírus avançava, os gestores, de forma geral, precisaram, por convicção ou pressão, considerar que um ambiente mais saudável precisa fazer parte das estratégias de negócio. No nosso caso, essa mudança de cultura organizacional já tinha acontecido, e estávamos em movimento.

O Cuidado nos entregou respostas e ferramentas para lidar com pessoas, não máquinas. Ao serem acolhidas, é claro, essas pessoas se tornaram profissionais ainda melhores. Só que, como sociedade, quando houve o movimento de estimular o home office por conta da covid-19, um privilégio de apenas 10% dos brasileiros, foi inevitável borrar ainda mais as fronteiras entre trabalho e vida pessoal. Todos esses espaços passaram a se atravessar com mais frequência, e ficou ainda mais difícil colocar limites.

Afinal, como Adam Grant afirmou em um artigo publicado no jornal *The New York Times*, estamos experimentando um novo mal nesses tempos transformados pela pandemia: o definhamento. Esse termo, cunhado pelo psicólogo e sociólogo Corey Keyes, define um estado intermediário de pessoas que não estão nem deprimidas nem prosperando. Uma sensação de vazio e estagnação, acompanhada de ausência de bem-estar. Se a situação é tão profunda assim, é de se esperar que a solução não seja cosmética. Segundo Grant, o antídoto do definhamento é trabalho significativo, novos desafios e experiências agradáveis. Três ações, individuais num primeiro momento, mas que inevitavelmente envolvem relacionamentos com outras pessoas.

Essas são questões urgentes para se pensar. Porque precisamos decidir que tipo de vida queremos e qual tipo de ambiente e de relações desejamos fomentar. Outro dia, por exemplo, li o relato de uma pessoa que dizia ter saído para almoçar com uma amiga que não via há algum tempo. Lá estavam elas, num momento de lazer, colocando a conversa em dia, falando de promoções na carreira e de viagens para palestras. Até que em determinado momento uma delas precisou ir embora para buscar a filha mais nova no colégio, já que o marido não poderia assumir a função por estar cuidando da mudança da casa. Eis o *plot twist*: a autora do relato não sabia que a amiga tinha engravidado pela segunda vez, que a família dela tinha aumentado e muito menos que estava para mudar de endereço. Aspectos da vida tão importantes e que acabaram não surgindo na conversa porque elas focaram em falar sobre trabalho.

Confesso que fiquei muito pensativa quando li essa história. Por alguns minutos, parei para pensar no teor das minhas próprias conversas com meus amigos nos últimos anos, e no foco exacerbado dado ao fazer profissional e às atividades remuneradas. Me lembrei das inúmeras vezes em que havia deixado de fazer algo importante porque precisava trabalhar. Pensei nas noites mal dormidas e no esgotamento que eu sentia. É a valorização do que não deveria ser valorizado – porque é claro que o trabalho é importante, mas é só trabalho.

Todavia, acredito que nem tudo está perdido e que, sim, tem uma parte boa nessa história. Quer saber qual é? Estamos tomando cada vez mais consciência dessas questões e tem muita gente decidindo que está na hora de mudar padrões e de arriscar em fazer diferente. O processo de reconstrução e de reinvenção de mundos está se desenhando. Não tenho a ilusão de que todos vão querer embarcar em lógicas contrárias ao que parece ser um padrão de produtividade. No entanto, faço o convite aos corajosos: mãozinhas dadas! Vamos todos. Trazendo em nossos bolsos as sabedorias que praticamos no cotidiano como raízes para a reeducação das nossas mentes.

Reajustemos nossas lentes para focar na criatividade, na diversidade, na valorização do coletivo, do nós. Com a perspectiva do *sankofa*, com a bênção da ancestralidade, vamos revolucionar os valores, gerenciar o presente coletivo e criar modelos de negócio que possam garantir relações de trabalho e sociais melhores para o futuro. Como fazer isso? Como sair da idealização para ações capazes de gerar transformação? Pode parecer impossível ou utópico demais, mas quero dizer que não é. O programa Cuidado é um exemplo, e o programa de aprendizado *sankofa* também. Trazer essas histórias para o ambiente de trabalho nos faz lembrar que estamos lidando com pessoas, ressaltando a importância de uma gestão de fato humanizada – ou seja, que priorize os valores humanos ao planejar e executar as ações, levando em conta a diversidade e a multiculturalidade.

Quero então dizer: questione-se! Como são as relações de trabalho dentro da sua empresa e o que tem sido feito para torná-las mais leves e saudáveis? Procure entender as contribuições que seu negócio, seu setor, seu departamento e seus líderes têm feito para a discussão que estamos propondo aqui. Perceba em que pontos as relações estão tóxicas. Identifique comportamentos nocivos. Converse com sua equipe. Procure saber como as pessoas estão no escritório e fora dele. Como está sua habilidade em nutrir um espaço em que se queira continuar sonhando os próximos passos? As pessoas que entraram na sua equipe querem continuar com você ou o nível de insatisfação está alto? Quando as pessoas pedem o desligamento, qual é a razão mais apontada? Acredite: você precisa saber. Pessoas em posição de liderança não podem ter medo de ouvir o que não querem. Escute quem trabalha com você.

E, se você está começando na sua jornada, como acredita que pode contribuir para uma cultura mais saudável no ambiente profissional? Você também tem responsabilidade nesse sistema. Talvez a sua entrada numa nova equipe pode ser decisiva para um estilo de vida corporativo melhor. Ou pior. Tudo depende de qual padrão vai seguir e estimular.

Nos versos da canção "AmarElo", o rapper, apresentador e compositor Emicida traz uma reflexão sobre os sonhos e a esperança, além de tecer duras críticas à forma como pessoas neurodiversas são vistas em nossa sociedade. Gosto em especial daquela frase: "pra que amanhã não seja só um ontem com um novo nome", porque ela faz o percurso exato que estamos refletindo aqui. Mudanças hoje para um amanhã melhor, e não um passado revisitado e renomeado.

Sei exatamente quando a vontade de criar um novo amanhã me atingiu. No início dos anos 2000, comecei a trabalhar em multinacional. Eu tinha três telefones diferentes, tocava vários projetos e vivia de um aeroporto para o outro – elementos que podem fazer parte do que é entendido como uma narrativa de uma carreira de sucesso. A outra parte dessa história é que, em momentos muito significativos de pessoas queridas, eu estava sempre ocupada. Quando minha mãe fez uma cirurgia para retirar um tumor, eu fiquei ao lado dela no hospital, mas em reuniões on-line. Sem me permitir sentir o que aquela situação significava, e sem estar totalmente presente, apesar de estarmos no mesmo lugar. Quando um dos meus sobrinhos nasceu prematuro, eu estava resolvendo situações necessárias da internação, mas no modo produtivo, resolutivo. Sem parar para abraçar de forma mais longa minha irmã, que tinha acabado de dar à luz um filho nascido antes da hora, a quem ela nem pôde dar colo. Isso a marcou profundamente, e a mim também. Foram situações como essas que começaram a lançar sementes sobre o tipo de vida que eu queria levar. Naquela época, se meus pais, irmãos ou sobrinhos fossem falar sobre mim, certamente diriam: "A Grazi está sempre ocupada e trabalhando muito". E era a mais pura verdade. E eu não queria mais que isso resumisse minha experiência de vida com as pessoas, porque eu também queria criar com elas memórias bonitas para além das ausências justificadas pelo meu crescimento profissional.

Quando essas reflexões começaram a fazer parte dos meus questionamentos, li um texto do professor de filosofia da Universidade de Barcelona, Jairo Larrosa Bondía, em que ele explicava que a experiência é o que nos acontece, o que nos passa, o que nos toca. Mas como ter experiências numa vida atropelada pelas informações, pelos excessos, sem nos darmos conta do que nos passou, sem pensar direito no que virá?

Isso nos leva novamente ao *sankofa*, que nos faz transitar entre o passado e o futuro, com os pés no presente. É um movimento que incita a mudança para que, com o pensamento no que já foi, possamos mudar o que virá, num convite a mudar aquilo que já não pode mais ser aceito. Se nós já estamos sofrendo as consequências de escolhas tão atropeladas, precisamos abrir os olhos para entender como as gerações futuras serão afetadas por nossas atitudes em andamento. Temos em mãos a oportunidade de pensar o futuro a longo prazo. Um futuro a partir de nós, não apenas para nós; um futuro para o todo.

Percebi que era importante mudar minha relação com o trabalho. Veja bem: eu amo o que faço, mas isso não muda o fato de que, ao fazê-lo, estou trabalhando. Confesso que ainda não encontrei o que posso chamar de modelo ideal para uma vida profissional e pessoal em equilíbrio. Ainda assim, ao ver o tanto de atividades que assumo, a minha rotina atribulada, ao perceber como os meus pares também têm esse tipo de comportamento e como a exaustão está agarrada às nossas narrativas, me pergunto o quanto queremos perpetuar esse tipo de modelo que nós mesmos estamos transmitindo.

Já pontuei que não sou herdeira, tampouco idealizo uma vida perfeitamente equilibrada. Busco constantemente encontrar o meu ritmo, não o do mundo ou das outras pessoas, mas o que faz sentido para mim. Continuo enfrentando meus desafios enquanto aprendo a valorizar os encontros, a estar presente e a criar boas memórias com as pessoas que são importantes para mim. Sigo no esforço de balancear uma agenda intensa de trabalho, com vivências tão ou mais intensas de afeto, intercalando reuniões e preenchendo espaços intencionais. Hoje, meu foco está em ser uma fonte de apoio e suporte para quem está ao meu redor. Se não posso ser um conforto, também não desejo ser um trauma. Aprendi a importância de construir relacionamentos saudáveis e genuínos, e a priorizar o bem-estar emocional como premissa. O meu balanço pode ser encontrado em meio às imperfeições da minha vida, das minhas contradições, mas estou comprometida em percorrer esse caminho. E não quero fazê-lo sozinha.

Pensar dessa forma me ajuda a aproveitar melhor meus momentos de lazer sem sentir a culpa e a pressão de ser produtiva a todo instante. Afinal, o que é a produtividade? Esse termo vem da época da Revolução Industrial e está relacionado à ideia de produzir bastante em pouco tempo com a menor quantidade de recursos possíveis. Então, produtividade prioriza mais quantidade do que qualidade, que é a palavra-chave deste capítulo.

Aspire a ter qualidade. Qualidade de sono. Qualidade de desempenho no trabalho. Qualidade de tempo com a família. Qualidade de saúde. Qualidade de vida. Qualidade coletiva. Qualidade para não permitirmos que o burnout seja incorporado às narrativas de conquista.

Precisamos, afinal, do contato com o outro para nos enxergarmos, para construirmos nossa subjetividade. Precisamos de afeto, como verbo e substantivo, já que afetamos e somos afetados o tempo todo. Ao mesmo tempo, podemos construir relações afetivas de mais qualidade, dentro e fora das empresas.

Acima de tudo, vislumbro um futuro próximo em que os mais jovens não irão naturalizar um modelo de trabalho adoecido. Um futuro em que as capas de revista, os prêmios e as honras pertencerão às histórias humanas, de gente que conquistou e realizou sem negligenciar o que mais importa: sua vida e sua saúde.

Por isso, mais uma vez convido você a refletir sobre como influenciamos pessoas em início de carreira, que lutam para crescer e aspirando posições cujos caminhos não passam por destinos adoecedores. Dessa reflexão, abrem-se caminhos que nos permitem responder à pergunta: como gostaríamos de ser lembrado pelas dezenas de bilhões de pessoas que nascerão nos próximos séculos? É um questionamento que tem tudo a ver com propósito, não é? E é exatamente sobre o propósito que vamos falar no próximo capítulo; ou melhor, sobre os perigos que a busca pelo propósito pode esconder no tempo em que vivemos.

CANETA, PAPEL E AÇÃO

Para refletir sobre suas práticas de autocuidado, siga o exercício a seguir:

Primeiro, pense sobre sua rotina atual, considerando as seguintes áreas: trabalho, lazer, conexões sociais, saúde física e saúde mental. Faça uma lista das práticas de autocuidado que você realiza atualmente para si mesmo e para outras pessoas.

Esquema de Análise:
PARA MIM _____ PARA OUTRAS PESSOAS

RECEBO CUIDADO _____ OFEREÇO CUIDADO

INDIVIDUAIS _____ COLETIVAS

BAIXO IMPACTO NO BEM-ESTAR _____
_____ ALTO IMPACTO NO BEM-ESTAR

Utilizando o esquema acima, analise cada prática de autocuidado e classifique-a em um ponto entre os dois pólos, conforme você acredita que a prática esteja.

Desenvolvimento de um Plano de Autocuidado:
Construa um plano de autocuidado estabelecendo quais ações devem ser eliminadas, adicionadas, mantidas e fortalecidas. Utilize a tabela a seguir como guia para organizar seu plano.

ELIMINADAS	ADICIONADAS	MANTIDAS	FORTALECIDADAS

Implementação e Revisão:
Defina um período para implementar seu plano de autocuidado e programe revisões periódicas para avaliar seu progresso. Durante essas revisões, ajuste seu plano conforme necessário, baseando-se nas suas experiências e nos impactos observados.

6
Sonhar é também uma tecnologia ancestral

> *Lembra que o sono é sagrado*
> *E alimenta de horizontes*
> *O tempo acordado de viver*
> MILTON NASCIMENTO

"Eu tenho um sonho".

Começa assim um dos discursos históricos mais significativos da humanidade. A frase é parte de um longo manifesto feito coletivamente para pedir o fim da segregação racial, quando isso parecia uma utopia. No entanto, Dr. Martin Luther King falou no microfone, e 250 mil pessoas negras marcharam pelas ruas de Washington, inspiradas por um sonho.

Sonhar é uma tecnologia ancestral, uma ferramenta essencial para a construção de culturas e para o entendimento da vida cotidiana. Sonhar é se conectar com a capacidade de imaginar, porque os sonhos são poderosos e nos inspiram a pensar no que poderia ser radicalmente diferente do que é. Não era exatamente isso que Martin

Luther King dizia? Que ele sonhava com uma sociedade distinta da que tinha diante de si? Mais do que somente inspirar, sonhos nos impulsionam a caminhar em busca do que foi imaginado, a traçar metas, a fazer planejamentos, a executar. Por isso, há uma conexão potente entre o sonho e o futuro: onde nascem os futuros desejáveis se não nos sonhos?

A cada vez que proponho uma nova iniciativa, começo com a pergunta: "o que sonhamos?". Não importa se é no início de um projeto, ao desenhar um planejamento estratégico, se numa conversa de acompanhamento de jornada ou diante de um desafio. Sempre começo pelo sonho, deixando que ele nos guie para criar futuros plurais. O líder indígena e ambientalista Ailton Krenak sabe bem a importância disso, como compartilha no livro *A vida não é útil*:

> Sonhar é uma prática que pode ser entendida como regime cultural, em que, de manhã cedo, as pessoas contam o sonho que tiveram. Não como uma atividade pública, mas de caráter íntimo. Você não conta o sonho em uma praça, mas para as pessoas com quem tem uma relação. O que sugere também que o sonho é um lugar de veiculação de afetos. [...] Quando o sonho termina de ser contado, quem o escuta já pode pegar suas ferramentas e sair para as atividades do dia: o pescador pode ir pescar, o caçador pode ir caçar e quem não tem nada a fazer pode se recolher. Não há nenhum véu que o separa do cotidiano e o sonho emerge com maravilhosa clareza.

Gosto de ressaltar a importância dos sonhos, porque foram eles que me trouxeram onde estou. Costumo dizer que sou um sonho ousado dos meus ancestrais. Eu sonhava que a educação renderia frutos e me levaria longe, e era incentivada pelo meu pai – um amante das palavras que, infelizmente, não teve o direito e o privilégio de estudar – e pela minha mãe, que me motivava a trilhar o caminho que me levaria além. Antes deles, outras pessoas se mobilizaram em sonhos coletivos para que quem também veio das margens pudesse acessar educação de qualidade e ter oportunidades que pareciam tão inacessíveis. Essas pessoas nos devolveram o direito de sonhar, de ampliar o horizonte para além das condições impostas por barreiras que não dependíamos só da nossa força de vontade para ultrapassar.

Apesar de histórias de superação serem inspiradoras – e lucrativas, o cinema que o diga –, na realidade uma pessoa não vence as adversidades sozinha. Acesso e oportunidade são lutas coletivas. Assim, as chegadas também precisam ser coletivas, não apenas conquistas individuais. Faz sentido para você?

Quando passei no vestibular, entrei numa universidade, ganhei uma bolsa de estudos, cursei Administração e me graduei; tornei-me a primeira da minha família com curso superior. Não que as outras pessoas da minha casa não tivessem o mesmo desejo, ou vontade, mas entre elas eu fui quem conseguiu um diploma antes – e, felizmente, não a única. Quando conto essa história numa versão resumida, parece que o caminho foi fácil, mas não foi. Foi difícil, complicado, muitas vezes sofrido e, acima de tudo, bem solitário.

Ao longo da escrita deste livro, tive o auxílio de uma tradutora e editora negra chamada Carolina Candido.

Enquanto fazíamos reuniões para discutir a ordem certa dos temas e ela me explicava um pouco mais sobre o mercado editorial, pude conhecer os desafios que ela também enfrentou na vida profissional. Assim como eu, foi por meio dos sonhos que ela conseguiu enfrentar as dificuldades e cavar o espaço que ocuparia. Enquanto eu lutava de um lado, ela lutava de outro. Cada uma com sua origem, seus contextos e suas barreiras. Ambas podemos ser consideradas pessoas que venceram barreiras e "chegaram lá", mas nosso sucesso e nossa existência não devem servir de exemplo para negar os efeitos do racismo ou autorizar discursos meritocráticos. Prefiro encarar o compartilhamento das nossas histórias como forma de incitar a reflexão sobre a hierarquização das diversidades, que resulta em exclusão social.

O que, exatamente, quer dizer hierarquização das diversidades? Uma hierarquia é uma classificação de acordo com uma escala de valor. Hierarquizar a diversidade é, portanto, atribuir mais valor a determinados grupos sociais do que a outros. Não são raras as situações em que ouvi uma mulher negra se perguntar se determinado cargo poderia ser ocupado por ela. Também não são raros são os casos de pessoas da comunidade LGBTQIA+ com medo de expressar a própria identidade no ambiente de trabalho. Não é exagero dizer que pessoas de grupos minorizados muitas vezes não se permitem sonhar com um cargo de liderança, pois consideram intransponíveis as barreiras e não veem pessoas como elas naquele lugar.

Um coletivo de educadores de que faço parte criou um curso preparatório popular no Morro do Papagaio, que fica na zona sul de Belo Horizonte. Sabemos o quanto é difícil enfrentar provas seletivas para vagas universitárias superconcorridas, disputadas com quem desfrutou de escolas particulares, quando você sequer teve acesso a uma educação de qualidade. Criamos esse cursinho para ampliar a presença da juventude periférica nas salas de aula dos cursos superiores. Quando converso com jovens estudantes e falo de como o estudo pode impactar suas trajetórias, sempre pergunto quais são os sonhos que eles têm. Porque sem sonhar não é possível avançar, e muitos dos nossos alunos já desaprenderam a sonhar e precisam reaprender a acessar essa tecnologia ancestral.

Na música "É tudo para ontem", Emicida e Gilberto Gil cantam no refrão: "Viver é partir, voltar e repartir". Esse é o meu jeito de abrir caminhos para quem vem depois. Mais do que incentivar esses jovens a estudar, meu papel de ancestral é despertar neles o desejo e oferecer as ferramentas necessárias para que eles se permitam sonhar com um futuro desejável. Um futuro que implique em ter um bom emprego, em ser empreendedor, em alcançar cargos de liderança, em ser protagonista da própria história e, assim, conseguir plantar agora as sementes que permitirão que esse futuro floresça amanhã.

Mas esse não pode ser um caminho solitário. É necessário que as pessoas em posição de poder também se abram para ajudar esse jovens em suas travessias e que empresas entendam seus papéis e responsabilidades para que quem está à margem possa sonhar e, eventualmente, tornar-se também um ancestral que construiu pontes, ampliou estradas, suavizou jornadas, impulsionou realidades.

O intelectual, escritor e dramaturgo brasileiro Ariano Suassuna, certa vez, apresentou um conceito que relaciono bastante com a ideia dos sonhos: o realista esperançoso. Ele dizia que o otimismo por si só era tolice, e o pessimismo era chato. Do meu ponto de vista, percebo o realista esperançoso como o pássaro da filosofia *sankofa*: com pés no agora, cabeça no passado e corpo virado para o futuro, analisando possíveis caminhos a serem trilhados, permitindo que os sonhos nos conduzam, munidos pela esperança. E a esperança é outra ferramenta potente.

Ao, por indignação, não aceitar o que não deve ser aceito, a esperança nos impulsiona a exercitar a coragem para construir realidades melhores. Alimentados justamente pela coragem, os sonhos ampliam a capacidade de imaginar algo melhor do que o que temos à nossa disposição. Assim, chegamos à conclusão de que não existe futuro sem sonho, e sem sonho não há esperança, e sem a coragem nada disso se torna real.

Sabe aquela sensação de ter um sonho tão gostoso que, quando acordamos, ficamos tristes por não ser realidade? Até dá vontade de fechar os olhos novamente para usufruir mais um pouco do que foi experimentado, não é? Isso acontece porque, durante o sono, organizamos nossa visão de mundo e expectativas. Sem os filtros da racionalidade que direcionam nosso pensamento, nos permitimos divagar pelo inconsciente para pensar naquilo que gostaríamos que acontecesse. No livro *Dream: ReImagining Progressive Politics in the Age of Fantasy*, o professor e ativista cultural Stephen Duncombe diz:

> Sonhos são poderosos. Eles são repositórios de nosso desejo [...] podem nos inspirar a imaginar que as coisas poderiam ser radicalmente diferentes do que são hoje e, então, nos fazer acreditar que podemos progredir em direção a esse mundo imaginário.

Deveríamos falar mais sobre sonhos como ferramentas potentes de planejamento nas empresas, e não somente como utopias. Porque sonhamos para ampliar os horizontes do lugar em que queremos chegar e, ao nos apontar possibilidades, ainda que distantes, eles nos mantêm caminhando, em movimento, sem parar. Funcionam como direcionadores estratégicos para nos mostrar para onde a travessia está nos levando, já que não temos o poder de controlar o resultado, que depende de diversos fatores que estão para além daquilo que conseguimos regular. As variações do mercado, por exemplo, podem alterar nossos planos. Mas se temos um sonho como o norte, como ponto de chegada, é possível nos recolocarmos na marcha e não nos perdermos. Saberemos para onde ir, porque teremos algo como inspiração e destino. Seja no início de um projeto ou durante a criação de um planejamento estratégico, sonhar é direcionar.

E se falamos de sonhos, precisamos falar também sobre a qualidade do sono. Permita-me perguntar: quantas horas você dorme por noite? Quantas horas são de fato dedicadas a um bom sono? Esse tempo tem sido suficiente para o seu descanso? A verdade é que temos dormido menos e nos preocupado mais. Invadimos nosso período de desconexão com mais ocupação, e reduzimos o que é essencial para mantermos nossa qualidade de vida.

Tem uma frase bastante popular aqui no Brasil, repetida por mães e pais quando querem que as crianças comam mais: "saco vazio não para em pé". Tomo aqui a liberdade de parafraseá-la para afirmar que saco cansado também não para em pé. Pessoas cansadas não conseguem entregar tudo o que prometem. Dormir bem é essencial para nossa saúde, mas estamos imersos em rodas com pessoas que se vangloriam de serem produtivas com poucas horas de sono. Será que dormir cada vez menos, e com menos qualidade, é realmente o caminho para uma vida de mais sucesso e produtividade? Penso que não. Antecipar, de forma tola, o que seria cumprido de maneira mais eficiente depois de uma noite bem dormida não me parece a melhor opção. Os resultados de noites mal dormidas se materializam em lapsos de memória, atenção superficial e intermitente, dificuldade de reter e organizar informações. Dormir cada vez menos, então, cria uma ilusão de se ter mais tempo para produzir, quando, na verdade, reduz a capacidade de entrega. Não é difícil imaginar como uma má qualidade de sono pode afetar a vida e a capacidade de planejar futuros.

Para Sidarta Ribeiro, neurocientista brasileiro, os sonhos são uma elaboração alquímica de pensamentos e uma antecipação de possibilidades. Teriam a função de um oráculo probabilístico que alguns povos originários preservaram até os dias de hoje. Sidarta conta que a arte de sonhar é uma coisa muito antiga e que o sonho sempre foi importante na história. Assim, temos mais de 300 mil anos acumulados de saberes e experiências profundas com a tradição do sonho e do sono.

Durante o período em que estamos dormindo, a mente reverbera memórias capazes de gerar possíveis simulações de futuros e perspectivas. Assim, as cenas produzidas pelo nosso cérebro enquanto estamos de olhos fechados criam respostas, ainda que de maneira aleatória. Mesmo que o sonho não aconteça na vida real, ele modifica o curso do nosso futuro ao impactar nossas emoções. Por isso, fico tão surpresa que, nos últimos dois séculos, tenhamos negligenciado essa potente ferramenta de planejamento. Ela que precisa ser defendida.

Comecei minhas pesquisas sobre esse assunto pouco antes da pandemia, quando decidi fazer uma especialização em Neurociência e Comportamento. No curso, tinha uma disciplina chamada Higiene do Sono, que discute o quanto maus hábitos conseguem diminuir a capacidade de sonhar e o impacto negativo que isso tem na nossa capacidade de planejamento. Assim, ao encurtar nossas horas de sono, diminuímos nosso tempo para sonhar e abdicamos desse farol que nos permite perscrutar o futuro. Se não cuidarmos do sonho, tanto de forma simbólica quanto construindo hábitos de sono saudáveis, não conseguiremos enxergar os horizontes que podem nos ajudar a conduzir travessias. E, sem saber para onde devemos ir, qualquer lugar pode nos parecer bom, como já alertou o gato a Alice, no livro *Alice no País das Maravilhas*, no clássico de Lewis Carroll.

Procuramos fórmulas e métodos mirabolantes para o sucesso, enquanto o caminho surge como algo bem mais simples: dormir bem, descansar e respeitar o poder da imaginação tanto quanto respeitamos números, gráficos e planilhas. Diversos especialistas da área da saúde nos dizem que o segredo está em criar hábitos e rotinas. Dormir no mesmo horário as horas suficientes para que o organismo possa se recuperar é um excelente caminho, e é bem mais simples do que muitas soluções oferecidas por aí.

Deixe as telas de lado – celulares, notebooks, TV – uma hora antes de se deitar. Não leia nem trabalhe na cama. Caso sobrevenha uma crise de insônia, não lute contra ela por mais de meia-hora; a solução pode ser sair e fazer qualquer atividade relaxante até sentir o sono chegar novamente. Meditação pode ajudar. Realize uma coisa de cada vez – uma prática para se assenhorar do pensamento, para que a cabeça não se agite a ponto de não permitir o corpo parar.

Precisamos tornar o sonho um assunto importante. Não apenas os nossos, mas também os dos outros. Sim, é preciso que sonhemos os sonhos uns dos outros. Quando sonhamos juntos, o sonho se torna potência. Afinal, onde nascem os futuros desejáveis se não nos sonhos?

CANETA, PAPEL E AÇÃO

Mapa de sonhos ancestrais
Desenhe, escreva ou utilize qualquer meio criativo para representar diferentes futuros possíveis e desejáveis para você e para a sociedade. Inclua elementos que reflitam um legado positivo para as gerações futuras, baseando-se na ideia de ser um bom antepassado. Lembre-se da sua pergunta geradora e da sua ideia de legado.

Aqui estão alguns componentes a serem considerados na criação do mapa:

- Visão Pessoal:
  – Quais são os sonhos e objetivos que você deseja alcançar para si mesmo? Descreva como você visualiza sua vida no futuro, incluindo aspectos como carreira, relacionamentos, saúde e bem-estar.
- Impacto na Sociedade:
  – Como seus sonhos e objetivos pessoais podem contribuir para uma sociedade melhor? Inclua ações e iniciativas que você gostaria de liderar ou participar para promover mudanças positivas na comunidade e no mundo.
- Legado Positivo:
  – Quais elementos você considera essenciais para deixar um legado positivo? Pense em valores, práticas e realizações que você gostaria que as próximas gerações lembrassem e se inspirassem.

Após criar seu mapa de sonhos ancestrais, reflita sobre como cada elemento está conectado à sua ideia de legado. Pergunte-se: "Como essas ações e realizações ajudarão a construir o futuro que desejo e deixar um impacto duradouro?"

7

Diversidade, pluralidade, multiplicidade

> *É por meio do diálogo que melhor lutamos por uma compreensão mais clara da cultura do dominador e das dinâmicas específicas de raça, gênero, classe e sexualidade que dela emergem.*
>
> bell hooks

Leland Melvin é alguém que chegou lá. Ele saiu da terra e alcançou o espaço. Como? Desafiando as barreiras naturais da gravidade – e da sociedade. Em uma foto famosa, ele está com um sorriso largo após uma missão bem-sucedida. Talvez tenha também sorrido assim quando se formou na universidade, que fez graças a uma bolsa de estudos. Afinal, para um negro do subúrbio dos Estados Unidos, nascido na década de 1960, ter uma formação superior era um feito que parecia de outro planeta. No entanto, a foto a qual me refiro é dele na Nasa, onde foi aceito na primeira tentativa em que se inscreveu. Engenheiro mecânico e astronauta aposentado, com duas missões espaciais cumpridas, Leland Melvin tem uma história extraordinária.

A expressão de realização estampada na imagem clássica dele sentado com o uniforme laranja, que já vimos em muitos filmes, nos faz imaginar que ali está uma pessoa que realizou um sonho de infância. Na verdade, o sonho de muitas crianças. Por isso, fiquei espantada ao descobrir que Leland nunca tinha sonhado em ser astronauta. Ele contou numa entrevista que estava com a família quando viu, pela televisão, a icônica cena do homem pisando na lua. Contudo, apesar do deslumbramento com a cena tão improvável, não conseguia se identificar com ninguém que fazia parte daquela aventura. Não havia um astronauta sequer que se parecesse com ele. Então, para ele, a cena do homem pisando na lua representava apenas uma imagem histórica e distante.

O verdadeiro sonho de Leland residia na conquista de um vizinho: tornar-se uma estrela do tênis. Arthur Ashe morava perto da casa da família Melvin e foi o primeiro atleta negro a conquistar um título em Wimbledon. É ainda mais irônico quando pensamos que o tênis foi, durante muito tempo, um esporte historicamente praticado por pessoas brancas. Mas bastou a presença de uma pessoa negra em quem se espelhar, alguém da própria comunidade, para o jovem Leland acreditar na possibilidade de também se tornar um atleta de ponta, ainda que o destino lhe reservasse, com o perdão do trocadilho, voos maiores.

Assim como Arthur Ashe, Leland Melvin se tornou inspiração para jovens negros com sonhos que pareciam altos demais. A presença de ambos em território inexplorado mostrou que, apesar de improvável e extremamente difícil, não era impossível. Ashe entrou para a História. Melvin também. E, por causa de ambos, quantas outras pessoas também romperam barreiras que pareciam intransponíveis? Esses são exemplos da importância da diversidade aliada à inclusão, porque suas histórias ilustram o poder da representatividade. Não apenas para sonhar com futuros desejáveis, mas com a chance de realizá-los.

Em um vídeo publicado nas redes sociais, a atriz negra estadunidense Viola Davis disse que representatividade importa porque precisamos ver a materialização física dos nossos sonhos. É preciso enxergar a possibilidade, ainda que para os pioneiros não tivesse ninguém do outro lado abrindo caminhos.

Representatividade importa, mas é insuficiente em uma perspectiva mais ampla. Não basta apenas um Leland, uma Viola, um Ashe. As conquistas que eles tiveram nos ajudam a sonhar, é claro. Elas nos impulsionam, mas não são suficientes. Porque surgem como exceções, embaladas por roteiros bem escritos que reforçam as narrativas de que para chegar lá basta se esforçar. Sim, o esforço é importante, só não é a única ferramenta. Sabemos das barreiras que existem para que crianças negras periféricas sejam astronautas. Ou atrizes de cinema. Ou atletas de ponta de esportes de elite. E é por isso que precisamos falar de diversidade aliada a práticas de inclusão efetivas, e não apenas como histórias bonitas que ficam ótimas em best-sellers.

Inclusão é como tratamos, acolhemos e escutamos as pessoas em sua pluralidade. Significa colocar em prática e transformar em ação a ideia de que toda pessoa importa, buscando soluções para que isso se concretize. Pensamentos, sentimentos, existências e perspectivas alheias importam. Inclusão não é baixar a régua; é possibilitar acesso, alcance, autonomia para todas as pessoas, tirando do caminho barreiras que impedem que elas façam parte de algo coletivo. Inclusão, ainda, implica em remover os filtros de preconceito e exclusão, que são disfarçados de pré-requisitos e competências desejáveis. Quer exemplos disso? Não há menor necessidade em pedir como requisito para um cargo a habilidade de falar inglês fluente se o idioma não for de fato necessário para o cumprimentos das atividades contratadas. Afinal de contas, estamos em um país em que, segundo estudo realizado pelo British Council, menos de 5% da população fala inglês razoavelmente e apenas 1% tem fluência. Também não faz o menor sentido, nas entrevistas de emprego, perguntar para as candidatas mulheres se têm filhos ou se pensam em expandir a família. São perguntas que, inclusive, não são feitas para homens. E o que dizer do requisito "boa aparência", que, na verdade, quer dizer "não contratamos pessoas negras, gordas, com deficiência ou que não sejam dentro de um padrão de beleza". Aliás, para você, o que significa ter boa aparência? Quem se encaixa, de forma geral, nos quesitos tidos como belo? Qual é o tipo de cabelo? Quais são os traços? Quais vestimentas? Quais tons de pele? Quais tamanhos?

Sabemos que a diversidade existe, ainda mais em um país como o Brasil. É só sair de casa e andar na rua para perceber. Essa característica deveria ser fonte de informação, inspiração e união, mas, infelizmente, tem sido usada para fomentar uma espécie de segregação hierárquica. Lembra que falamos de hierarquia das diversidades antes? Diversidade, em uma primeira leitura sem cunho social, nos remete à variação de características e diferenças. Não somos todos iguais. Ainda bem. Portanto, ter diversidade em um espaço significa que a nossa realidade como sociedade está representada ali, naquele microuniverso. Isso não deveria ser nada além de natural e desejável. Entretanto, não é o que acontece. Não há problema algum na existência da diversidade, mas sim na utilização dela para que determinados grupos sejam excluídos. A solução não está no apagamento da nossa multiculturalidade, mas na sua inclusão.

Para explicar isso melhor, vamos voltar um pouquinho para a minha história. Minha mãe começou, ainda pequena, a trabalhar como empregada doméstica. O esperado, então, seria que essa profissão passasse para mim e minha irmã como herança. Um dia, nós cuidaríamos das casas das filhas da patroa dela, como de fato aconteceu – e segue acontecendo – em tantos lares. Porém meus pais sabiam da importância da educação e, desde que eu e meus irmãos éramos pequenos, insistiam que devíamos estudar. E foi o que fizemos. Mas não foi "apenas" isso.

Além dos estudos, também contei um pouco com a sorte. Sorte de estar no lugar certo e conhecer pessoas estratégicas, que me abriram portas e me ofereceram oportunidades para progredir. Veja bem: não foi só uma questão de sorte nem só de conhecimento, muito menos de esforço. Mas tudo junto. E por que ressalto isso? Porque há muitos outros jovens de grupos sub-representados que continuam os estudos, que se esforçam e fazem tudo o que está ao alcance, mas que nem assim encontram oportunidades. Seguem se deparando com portas fechadas e muros altos demais na tentativa de se inserir no mercado de trabalho, impedidos de avançar pelas descrições de vagas limitantes que não enxergam as contribuições que quem está do outro lado da margem pode oferecer.

Verdade seja dita: temos, sim, visto um aumento da menção à diversidade no âmbito empresarial. Todo ano, durante o mês de novembro, minha agenda fica ainda mais intensa do que nos outros meses. Para além das habituais demandas dos papéis que ocupo, recebo centenas de convites para palestras e conversas no mês da Consciência Negra. São eventos que, além de rememorar e celebrar a saga de Palmares, se propõem a discutir diversidade e equidade racial nas organizações. Comemoramos a ocupação dessa pauta nas agendas executivas? Claro! Mas atenção, porque aqui mora uma armadilha: quando essas discussões se concentram apenas num mês destinado a esse tipo de reflexão, fica claro que ainda não entendemos que a diversidade e a inclusão são assuntos para o ano inteiro. São pautas para a vida, e não somente para uma data "comemorativa", por causa das demandas do mercado. É por isso que precisamos falar sobre a importância da responsabilidade coletiva nas pautas de diversidade.

Há um termo bastante usado para se referir à atitude de marcas e empresas que realizam ações de diversidade e inclusão apenas como forma de promover visibilidade

– *diversity washing*. O objetivo, nesse caso, é capitalizar o público da diversidade e aumentar o faturamento sem, de fato, contribuir para a causa, praticando uma "falsa inclusão". Como percebemos quem age dessa forma? Tem um jeito bem fácil: pesquise quais são as principais lideranças executivas no Brasil no momento. Veja os rostos, as histórias de vida, de onde essas pessoas vieram. Então se pergunte se elas refletem todas as diferentes nuances que temos em nossa sociedade. Parece coerente?

Vivemos em um país em que, segundo o Instituto Brasileiro de Geografia e Estatística (IBGE), mais de 50% da população se autodeclara negra, mas não é isso que vemos nos quadros de funcionários das empresas. A falta de diversidade nas empresas, com todos seus efeitos e consequências, deve ser encarada como uma urgência humana a ser resolvida. Por convicção ou por pressão. Racismo, desigualdades sociais, acesso desigual a sistemas de saúde, moradia inadequada... nada disso é novo. São mazelas que fazem parte das nossas histórias há tempo demais. O que mudou então? A lupa que aumenta a visão dessas práticas por meio do uso das redes sociais. Quantas vezes, nos últimos meses, você se deparou com palavras como "*exposed*", "grave", "racismo", "homofobia" e outros termos semelhantes? Will Smith, cantor e ator estadunidense, certa vez disse que "o racismo não está piorando, está sendo filmado". Quem já sentiu e o viveu na pele sabe bem.

Você se lembra do assassinato de George Floyd nos Estados Unidos? Era maio de 2020 quando o homem, acusado de ter usado uma nota falsificada de 20 dólares num supermercado, foi estrangulado por um policial branco. A imagem do ato criminoso correu o mundo, e vimos um levante de combate ao racismo por meio da criação de hashtags nas redes sociais, muitas postagens cheias de indignação e compartilhamentos de outros casos de racismo. Por um período, foi como se de fato as pessoas tivessem despertado para a necessidade de combater esse mal como sociedade. Mas o que de concreto tivemos a partir daí? Quais foram as mudanças que esse movimento gerou nos âmbitos social e empresarial? Quais impactos romperam as telas das plataformas digitais e se tornaram políticas públicas e medidas aplicáveis? As hashtags #blacklivesmatter e #vidasnegrasimportam continuam a ser utilizadas nas redes sociais e em campanhas criadas por empresas, mas só isso não basta. É muito pouco diante de tantos abismos. Precisamos de mais do que indignação.

Vejo criadores de conteúdo de grupos sub-representados apresentarem uma reclamação semelhante. Eles relatam que, com frequência, recebem convites para palestrar em empresas sobre o racismo, por exemplo – mesmo que não tenham o hábito de abordar esse tema em suas linhas editoriais. Até aí tudo bem. Então, a cilada ganha forma: querem que façam a palestra, mas sem remuneração. Veja bem, as empresas querem chamar pessoas negras para fazer um trabalho, afinal de contas, preparar e apresentar uma palestra é trabalho, mas sem pagarem por isso. Querem surfar na onda, mas não se dispõem a pagar. E nem discutir a remuneração de pessoas negras que atuam nesse lugar. Isso também acontece em outras situações;

por exemplo, às vezes, uma empresa quer chamar pessoas com deficiência para falar sobre a importância da acessibilidade, mas não oferece acessibilidade aos funcionários, nem oportunidades de carreira e crescimento para quem vive com algum tipo de deficiência. Qual seria a finalidade da palestra então? Algumas empresas querem que pessoas LGBTQIA+ expliquem a necessidade de inclusão em empresas, mas desde que não sejam chamativas demais, que mantenham certa discrição e, ainda, sem problematizar ou mencionar as questões de identidade de gênero e orientação em processos e políticas corporativas. Consegue perceber o problema?

A discussão sobre inclusão é uma premissa importante em qualquer ambiente e faz parte da responsabilidade social de empresas e funcionários. É a forma que temos de quebrar barreiras que insistentemente nos impedem de chegar em algum lugar, de avançar. Essas discussões ancoradas em ações fazem com que histórias de pessoas marginalizadas não sejam apenas exceções, mas possam se tornar cada vez mais frequentes – não apenas por sorte ou esforço, mas por existir uma sociedade estruturada em mudanças que beneficiam a todos.

Pensando novamente na história de Leland, que abriu este capítulo, podemos entender melhor por que lideranças executivas que não representam a multiculturalidade da nossa sociedade ajudam a reproduzir esses padrões. Quer outro exemplo? Enquanto fazia pesquisas para este livro, encontrei uma charge que mostra três homens muito parecidos, vestidos da mesma forma, em uma sala de reuniões.

Eles discutem entre e si e reclamam sobre a falta de ideias inovadoras na empresa. Reclamam da falta de ideias *diversas* (viu o que eu fiz aqui?). Por que será? Pessoas semelhantes, que vieram dos mesmos lugares, provavelmente terão as mesmas ideias. Não há nada melhor para invocar a criatividade do que trazer para a equipe quem tem outras vivências e referências. A pauta da inclusão não beneficia somente quem é incluído; ela traz ganhos para todo o entorno.

Por isso, precisamos garantir que as mudanças arquitetadas por organizações tenham como foco a resolução de problemas importantes para mais pessoas, em vez de ampliar aquilo que já não faz sentido na nossa sociedade. Precisamos de lideranças executivas corajosas que saibam o impacto que podem causar no mundo a partir das mudanças que propõe. O futuro que eu desejo é múltiplo: *futuros*, abarcando a pluralidade da inclusão e trazendo a possibilidade de caber todo mundo. O futuro que desejo tem processos de recrutamento e de seleção que se propõem a selecionar perfis distintos, e processos de reconhecimento e promoção que, de fato, sejam pensados para todos; tem empresas com diversidade em todos os níveis, e todo o impacto que isso gera. Não existe inovação sem diversidade e inclusão. Produtos e ferramentas melhores só serão criados com a potência da diversidade presente nas mesas de decisão. Não é apenas para ter uma foto colorida. É para ser possível avançarmos como sociedade, como empresas e como seres humanos.

Cito como exemplo uma iniciativa que conheço por dentro, a Enegrecer a Tecnologia, da qual tive a honra de participar. Nosso primeiro passo foi começar as discussões sobre a ausência de pessoas negras na área. Depois, pensar o que poderíamos fazer como equipe para mudar esse cenário e consolidar e ampliar as nossas iniciativas como empresa do setor. Como o próprio nome sugere, a ideia é trazer mais pessoas negras para a área e, em 2018, preparamos um processo seletivo todo feito com e para pessoas racializadas em Salvador. Foi o primeiro processo seletivo do tipo no Brasil. Eu me lembro de ficar emocionada quando um candidato me relatou que era a primeira vez que ele era entrevistado por uma pessoa negra, por alguém que não o julgava pela cor da pele e se interessava pelas habilidades que ele desenvolvera a partir da potência da própria história e não somente pelo currículo tradicional. Me senti repleta de uma sensação de pertencimento. Aquele que pertence sente segurança para ser quem é e, quando estamos seguros para sermos quem somos, podemos fazer coisas incríveis. Pessoas diversas e que se sentem incluídas fazem da empresa um espaço de inovação e criação de futuros. De lá para cá, muitas outras ações têm sido feitas para ampliar a presença de pessoas negras nos nossos quadros.

Ainda há um longo caminho pela frente. Segundo pesquisa do Instituto Ethos, no Brasil, mais de 56,2% da população é composta por homens e mulheres negras, mas apenas 4% dos executivos são negros. Desses, só 0,4% são mulheres negras, ainda que as mulheres negras sejam 28% da população brasileira. Mulheres negras são a base da hierarquia social. Apesar de sermos o maior grupo étnico do país, ainda não somos representadas nas empresas. Minha história como "a primeira", "uma das poucas" e "a única" mulher negra em vários espaços que ocupo não deve ser usada para minimizar os efeitos do racismo e continuar justificando desigualdades. Esses discursos falham em questionar por que razão somos tão poucas. Por isso, resisto quando me colocam no lugar de "superação". Os preconceitos existem, mas é preciso lutar contra eles, para que todos possam ocupar espaços há tanto tempo negados e bloqueados pela discriminação racial e pelo racismo estrutural, que atinge o grau de maior perversidade no mercado de trabalho. É ali que ele encurta sonhos, enxuga capacidades e limita avanços pessoais e de classe. Que tenhamos como antídoto para essa crise a coragem para mudar o que não podemos mais aceitar, e a esperança para continuar hoje, amanhã e depois de amanhã.

Precisamos da inclusão da diversidade para que as pessoas não tenham que se moldar para caberem no mundo corporativo. No começo da minha carreira, quando eu era a única mulher negra em ambientes predominantemente masculinos e brancos, um colega de trabalho me disse que eu era quase um homem. Era de praxe conversarmos sobre futebol antes do começo das reuniões, e eu buscava sempre me manter informada para poder fazer parte da conversa. Aquela fala, que tinha a intenção de ser um elogio, era um apagamento da minha individualidade. Por que eu precisaria ser um homem para me encaixar naquele ambiente? Infelizmente, ainda nova no grupo e buscando me enturmar, me limitei a rir e a concordar. Confesso que, na época, não tinha consciência do quanto aquilo era errado. Passei dias dormindo mal e buscando refletir sobre o que me incomodava naquele discurso, antes de, de fato, entender..

Atuei por alguns anos como executiva da área de pessoas e, todos os dias, escutava muitas histórias que ilustravam a importância de voltarmos o nosso olhar e nossos ouvidos para esse tema. Lembro-me de quando um colega de trabalho me disse, durante uma festa de comemoração da empresa, que antes de trabalhar conosco recebia feedbacks constantes sobre gesticular e cruzar as pernas demais. Como se os gestos naturais que ele usava na comunicação não fossem adequados para a posição que ocupava. Então, ele era pressionado a representar uma masculinidade estereotipada em apresentações e workshops que conduzia. Ele acatava, afinal, queria continuar trabalhando naquele lugar e crescendo profissionalmente. Então, a cada situação ou pedido desses, sentia sua individualidade sendo negada por uma insistente exigência para deixar de ser quem era.

Essa história me lembrou de quando uma pessoa que entrevistei revelou a razão de querer abandonar o emprego em que estava e aceitar ganhar menos ou recomeçar em outro papel: ela não suportava mais ter que inventar histórias toda segunda-feira. Contou que precisava criar narrativas sobre o fim de semana ao lado de uma "amiga", porque as pessoas no trabalho não poderiam saber que ela era casada com outra mulher. Já tinha, inclusive, ouvido do departamento de Recursos Humanos que isso poderia prejudicar seu progresso na carreira. Qual opção ela tinha? Mudar de emprego, para não ter mais que mutilar partes da própria vida. Não é um relato isolado. Um estudo da Universidade Federal do Estado do Rio de Janeiro (Unirio), publicado em 2020, mostra que metade das pessoas LGBTQIA+ esconde a sexualidade no ambiente de trabalho por medo de represálias. O levantamento também mostra que 35% daqueles que decidiram se assumir homossexuais já sofreram algum tipo de discriminação velada ou direta.

O problema é ainda mais grave entre pessoas transsexuais. Uma pesquisa feita pela Associação Nacional de Travestis e Transsexuais (Antra) mostra que 90% das mulheres trans na década de 2020 se encontram na prostituição por falta de oportunidades de trabalho. Mesmo quando há uma oportunidade, as empresas ainda não estão preparadas para acolher essas pessoas. Os dados numéricos ganham contornos de realidade quando me lembro do relato que ouvi de uma mulher trans que, durante o processo de admissão, foi questionada sobre o "nome verdadeiro". Conheci, ainda, a história de outra mulher, também trans, que lidava com infecções urinárias frequentes por não poder usar o banheiro feminino no trabalho e ser ameaçada ao usar o masculino.

Somos ensinados a reproduzir comportamentos que não condizem com quem somos, não nos representam e até mesmo nos agridem. É algo semelhante ao que fazemos quando crianças: mimetizamos o que assistimos um grupo fazer para nos encaixarmos, ainda que sem saber se, de fato, nos identificamos com aquelas pessoas. Novamente, aqui vemos situações de sequestros de subjetividade que nos fazem pensar que temos que ser aquilo que o ambiente nos impõe, em de quem sabemos, reconhecemos e entendemos ser. Assim, nos deformamos nesses códigos. Perdemos partes da nossa essência, nos mutilamos, nos violentamos. Para mudar esse tipo de cenário, precisamos trabalhar juntos.

A palavra para definir a realidade de ambientes de trabalho com cenas de indiferença, desprezo e hostilidade, como as que ouvi e relatei aqui, só pode ser uma: desamor. É essa a definição no dicionário. Esse desamor vai além de uma suposta falta de afeto ou de afinidade, e se manifesta de forma prática: onde falta amor, não há espaço para diversidade, inclusão e pertencimento – temas tão caros para as empresas e para as culturas organizacionais nos dias de hoje. Se o desamor é a ordem do dia no mundo contemporâneo, falar de amor pode ser revolucionário e transformador. Não o amor romântico, abstrato e desconsiderado nas relações profissionais, mas a potência libertadora de relações pautadas por uma ética amorosa. Inclusive e, principalmente, dentro das organizações.

Sinto-me aqui compelida a dizer algo: o amor não tem nada a ver com fraqueza ou irracionalidade, como se costuma pensar. Ao contrário, significa potência. Anuncia a possibilidade de rompermos o ciclo de perpetuação de dores e exclusões como racismo, sexismo e homofobia. Quando interrompemos atos de desamor, estamos prontos para explorar caminhos rumo a uma sociedade amorosa.

O amor, portanto, é forte e racional, porque, em sua prática, analisa a sociedade pela ótica da diversidade, da inclusão e do pertencimento. A ética amorosa e o afeto –

como verbo ou substantivo – deveriam estar mais presentes no vocabulário corporativo. Em sua força, abarcam as diferenças que nos constituem enquanto indivíduos, permitem acolher para que todos façam parte e se sintam incluídos, e proveem a segurança na qual a certeza de pertencimento consiga se desenvolver.

Amor é luta. Amor é liberdade. Nina Simone, pianista, cantora e compositora estadunidense, dizia que liberdade é não ter medo. E é esse o futuro que eu quero. Um futuro cocriado com todas as pessoas.

E você?

CANETA, PAPEL E AÇÃO

Três diálogos para a transformação

1. Liste três pessoas que você conhece e com quem tem contato, que enfrentam desafios relacionados a raça, gênero, classe, deficiência e sexualidade. Escolha pessoas com diferentes perspectivas e experiências para enriquecer o diálogo.
2. Convide essas pessoas para uma conversa. Escolha um ambiente acolhedor, como um café ou uma reunião virtual, em que todos se sintam confortáveis para compartilhar suas histórias e ideias.
3. Durante o encontro, apresente o mapa de sonhos ancestrais que você criou. Explique as ideias e os objetivos que você visualizou para o futuro.
4. Peça a opinião e a contribuição das pessoas sobre o seu mapa. Pergunte como elas veem os seus sonhos e o legado que você deseja construir. Quais sugestões e insights elas podem oferecer para aprimorar o seu mapa?
5. Após a conversa, reflita sobre o que foi compartilhado. Acrescente essas novas perspectivas ao seu mapa de sonhos ancestrais. Anote as ideias principais e ajuste o seu plano de ação conforme necessário. O mapa agora não é mais apenas seu.

8
Pessoas não são recursos

> *Mas o sistema limita nossa vida de tal forma*
> *Que tive que fazer minha escolha: sonhar ou sobreviver*
> RACIONAIS MC'S

Se eu fosse resumir tudo o que aprendi sobre inovação em uma pílula de sabedoria, eu não teria muitas dúvidas. Minha mensagem à liderança executiva que deseja se manter relevante pode ser expressa em quatro palavras: *pessoas não são recursos*. Considerar pessoas dessa forma é uma herança persistente da hiperespecialização do trabalho do século XX. A lógica sutil – e bastante perversa – desconsidera que pessoas são complexas; não são materiais necessários para um processo de produção. Recursos existem para serem usados. Pessoas, não – ou melhor, não deveriam ser. Recursos são alocados, deslocados e/ou descartados. Pessoas podem criar sentido sobre os seus afazeres e possuem aspirações e (des)motivações diversas. É fácil esquecer que, por trás de cada cliente e funcionário, há uma pessoa com suas próprias necessidades, desejos e personalidades únicas.

Precisamos entender que, desde a Revolução Industrial, a lógica de negócios mudou dramaticamente. Hoje, muitas empresas se concentram mais na eficiência, na automação e na maximização de lucros, às vezes à custa do bem-estar e dos funcionários a ponto de causar adoecimento.

Ainda que essa sensação tenha feito parte de meus pensamentos durante muito tempo, foi só recentemente que encontrei o conselho que gostaria de ter recebido quando fui convidada para o meu primeiro papel de liderança há mais de vinte anos. As palavras vieram de Adam Grant, no livro *Pense de novo*:

> Eu adoraria viver em um mundo onde as pessoas gastassem tanto tempo desenvolvendo seu caráter quanto desenvolvendo suas carreiras. E se nossos códigos morais fossem tão bem definidos quanto nossas ambições? Metas sem valores são vazias. Levar uma vida que vale a pena ser vivida, não apenas uma vida de sucesso.

Hoje, entendo que ser uma liderança melhor passa pelo exercício de ser uma pessoa melhor, num esforço contínuo e diário. Já o contrário não é verdade. Se você só se preocupa em aperfeiçoar uma dimensão da vida, especialmente se for a profissional, as outras podem ficar para trás. Onde você coloca sua mão hoje, nas ações que executa, importa tanto quanto para onde está olhando em busca de referências e metas. Isso tira a ansiedade de chegar e coloca o poder de agir onde importa: no agora. E quem está chegando nesse momento ao mercado de trabalho precisa entender, o quanto antes, o que levei mais de vinte anos para compreender. Essa pessoa precisa entender isso para fazer boas escolhas: ser protagonista do próprio sucesso a partir de uma definição de conquista que corresponda às próprias expectativas, e não de padrões estabelecidos por outros, com valores e contextos diferentes. Essa compreensão é necessária para evitar tentar traçar rotas para onde não se quer (nem precisa) ir.

No entanto, fica aqui meu alerta: é importante estar no fluxo dos acontecimentos, abrir os olhos e saber para onde as pessoas estão indo. Inclusive para decidir os passos que não se deseja acompanhar. É importante se conectar e estar nos lugares certos para também ser um agente, fazer parte da mudança e, se necessário, mudar o rumo do que já está em andamento. Por isso, meu conselho, que serve tanto para quem está no início da caminhada quanto para quem já está na posição de dar as cartas, é: dialogue. Mudanças significativas só acontecem no plural. Crie oportunidades, caminhos e novas versões de mundo para agregar sua contribuição ao universo que todos compartilhamos. Ao criar algo, não se apegue demais ao que, aos seus olhos, parece incrível. Sua opinião pode mudar com o tempo, enquanto o que é virtude, não. Coragem, justiça, prudência e gratidão são exemplos do que é inegociável.

Então, temos que olhar para frente, mas nos lembrando do *sankofa*, que nos livra de esquecer os ciclos de aprendizado ocorridos no passado. Quem veio antes não tem apenas histórias para contar. Não digo por saudosismo; o fato é que são pessoas que carregam experiências e sabedoria para dividir. Por isso, podem nos prevenir de comprar um passado pior do que o presente, disfarçado de futuro. É para isso que as aulas de História servem. E isso não é aprendido somente numa sala de aula, com professores diplomados, em ambientes acadêmicos.

Como diz Angela Davis, "você tem que agir como se fosse possível transformar radicalmente o mundo e você tem que fazer isso o tempo todo". Isso se faz com coragem e esperança. Por isso, acredite no seu poder de transformação. O mundo só pode se tornar um lugar melhor se houver gente que acredita e tem em si a força da mudança. Gente que entende que pessoas não são simples recursos, mas a potência criativa que se move, que se conecta e que promove transformação.

A primeira vez que escrevi um texto com essas ideias foi em 2020 no meu LinkedIn, após participar de um programa de jovens lideranças do Grupo Anga – uma plataforma de negócios e investimentos orientados à geração de impacto socioambiental positivo. De lá para cá, minha crença na necessidade de se criar uma cultura não focada somente no futuro, mas no presente atrelado ao que está por vir e ao que já passou, só aumenta. E aos jovens que estão sedentos por somarem ao encantador universo profissional, no qual parecem morar todas as oportunidades, ávidos por contribuírem com os talentos que possuem e se lançarem como líderes inovadores capazes de estar nas mesas onde as decisões são tomadas, compartilho a definição de poder mais precisa e relevante que já vi, dita por Martin Luther King: poder é a capacidade de atingir objetivos e promover mudanças.

De quais objetivos estamos falando? Quais são as mudanças necessárias? Tudo depende de com quem estamos dialogando e para onde olhamos. Porque as culturas organizacionais se modificam com o tempo, e o perfil e os desejos dos trabalhadores também. Foram muitas mudanças ao longo das décadas e, mais recentemente, é impossível negar os impactos que o coronavírus deixou na forma como investimos nosso tempo produtivo e os questionamentos que vieram a partir daí. Para fazer um recorte mais próximo, podemos dizer que estamos num movimento de sair de uma cultura de utilidade, que, num contexto pré-pandemia, se moveu em direção à cultura de engajamento e buscava conectar felicidade ao trabalho – como se o ambiente de trabalho tivesse que nos deixar feliz –, para aterrissarmos numa cultura que busca o exercício profissional aliado ao propósito. Isso se dá porque começou-se a refletir que, afinal de contas, a felicidade não se conecta somente ao que produzimos, mas à vida que acontece fora do escritório.

Por exemplo, se olharmos para quem está chegando ao mercado de trabalho a partir da segunda década dos anos 2000, os jovens que fazem parte da geração Z (nascidos entre o fim dos anos 1990 e 2010), percebemos que são pessoas enfrentando uma crise profunda na relação com o universo do trabalho no qual estão se inserindo. Fazendo uma leitura rápida desse perfil, estamos falando de uma geração composta de indivíduos que já demonstram uma aversão a empresas que não valorizam o bem-estar, e estão procurando instituições que sejam mais humanas e empáticas. São pessoas que não querem morrer trabalhando;

desejam mais da vida. Já existem críticas quanto a essa mirada geracional, uma vez que atualmente há um grande cruzamento de profissionais com idades diferentes atuando nas mesmas equipes, o que tem provocado nos pesquisadores a necessidade de olhar para além de uma faixa etária específica. Mas é indiscutível que as idas e vindas de pessoas com experiências e vivências diversas entre trabalhadores que dividem o mesmo espaço temporal e laboral impactam as organizações. E qual é o reflexo disso no contexto atual? Os trabalhadores querem dedicar as habilidades profissionais a empresas e funções que carreguem propósito e ofereçam sentido ao esforço empregado.

Nesse contexto, em 2022, a cantora estadunidense Beyoncé lançou a música "Break my Soul", que manifesta a decisão pelo pedido de demissão para ir em busca de uma vida além de bater o ponto. Num dos trechos, ela canta:

> Acabei de me demitir, vou encontrar um novo estímulo. Caramba, eles fazem eu me esforçar tanto, das nove da manhã até depois das cinco da tarde, forçando meus nervos, e é por isso que eu não consigo dormir à noite.[1]

A canção se tornou um hino do movimento que ficou conhecido como *Great Resignation*, *Big Quit*, ou *Great Reshuffle*, traduzido para o português como "A Grande Renúncia". Em junho de 2022, o Cadastro Geral dos Empregados e Desempregados do Brasil (CAGED) divulgou que, apesar

---

1. Tradução minha.

da alta porcentagem de desempregados no país, 6,1 milhões de trabalhadores pediram demissão naqueles últimos meses, o que representa o maior número já registrado pelo levantamento. Segundo a pesquisa, as pessoas que largaram o trabalho estavam principalmente alocadas em ações administrativas e serviços complementares nas áreas de Informação e Comunicação, envolvidas em atividades profissionais, científicas e técnicas. Pelo visto, Beyoncé deu voz não somente a quem mora nos Estados Unidos, mas também a um universo de trabalhadores exaustos mundo afora.

Por isso, temos que re-humanizar as relações no ambiente de trabalho. E repito: é importante que as empresas se lembrem que seus funcionários são pessoas e não máquinas. Isso significa valorizar o tempo livre e a saúde mental, criar um ambiente inclusivo e equitativo, e estabelecer relacionamentos que conciliem metas do negócio e aspirações pessoais. Além disso, as empresas precisam ser transparentes e honestas em suas práticas e se envolver em atividades que geram mais impacto positivo na sociedade. Tudo indica que o caminho é esse. Outro fator importante é celebrar as conquistas.

E aqui quero contar mais uma parte da minha história, um grande divisor de águas que começou com o pedido de demissão de um funcionário. Naquela época, eu contava com uma equipe incrível, e essa pessoa era justamente um dos motivos dos bons resultados. Ele era excelente no que fazia, dedicado, inteligente. Quando ele me chamou para conversar, após termos alcançado um grande objetivo da equipe, eu jamais imaginei o que ouviria. Ele queria sair do time por ter dificuldades em trabalhar comigo. Comigo? Com o espanto, passou um filme na minha cabeça. Repensei minhas condutas, com medo de, em algum momento, ter sido grossa ou dura demais.

— Mas por que você se sente assim?

Você não sabe comemorar.

Foi só o começo de uma conversa decisiva. Ele acrescentou:

— Você não sabe parar.

Minutos após atingirmos a grande meta, eu já estava projetando novas metas. Ele estava certo. Se eu estava acordada, estava trabalhando e exigindo mais de mim – e, por consequência, daqueles que trabalhavam comigo. Eu não parava, e cobrava o mesmo comportamento de quem estava por perto. Eu estava falhando como líder, e agora eu sabia o porquê. Essa é uma sensação bastante comum entre mulheres negras no mercado de trabalho. O fato é que sentimos que precisamos sempre nos provar, que temos que fazer mais e melhor que os outros, que devemos entregar além. Porque quando a sociedade insiste em demonstrar que não podemos ocupar cargos de liderança, o que infelizmente ainda nos é questionado, nos dedicamos em fazer com que ela veja que está errada. E como fazemos isso? Trabalhando mais, exigindo mais, cobrando mais. O problema é que, nessa enorme cobrança, acabei por reproduzir modelos que nunca admirei no mercado de trabalho. Eu estava minando a minha equipe. Precisava me desconstruir.

Sou muito grata por aquela conversa honesta que tive. Se aquele rapaz não me falasse a verdade, talvez eu ainda estivesse agindo da mesma forma. Que bom, que, apesar das minhas falhas, ele se sentiu seguro para me confrontar. Eu precisava daquele baque. Uma das formas que encontrei de mudar minha rota e meus hábitos foi comemorando as conquistas coletivas. Atingimos uma meta? Precisamos comemorar. Fiz parte de um projeto que foi elogiado? É hora de vibrar. Celebrar de forma intencional. E não somente dizendo "Parabéns, vamos para a próxima".

Nesse processo, passei a entender ainda mais a importância de contar e ouvir histórias. De compartilhar experiências. De analisar o que já aconteceu como forma de entender os ciclos de aprendizado e aumentar nossas contribuições para o futuro, de pessoas para pessoas. Pensar nisso me faz refletir a respeito da discussão de propósito que sempre vemos no ambiente empresarial. Afinal, o que realmente é o propósito e como ele tem sido abordado? Como podemos entender esse conceito sem cair na robotização?

Na tentativa de voltar a humanizar as pessoas, muitas organizações fazem mudanças físicas – e não estruturais. Hoje temos escritórios mais coloridos, cheios de *post-its*, espaços lúdicos, videogames, piscinas de bolinhas e cerveja liberada. A hierarquia vem cedendo espaço a formatos mais horizontais. Mas, se a lógica de carreira continua sendo a de que pessoas são recursos, a dinâmica continua a mesma.

Escritas em letras bonitas e com uma variedade de cores, as missões estampadas pelas empresas pretendem refletir aquilo que a comunidade e os clientes buscam em uma organização com a qual se relacionam. Entretanto, se tirarmos essa máscara, veremos que as relações de trabalho continuam a se estabelecer da mesma forma e que o grande propósito, em letras garrafais douradas, não abarca as mudanças que precisam acontecer para que uma companhia, enquanto agente social, engendre as mudanças na sociedade na qual está inserida.

Não importa se estamos falando de uma multinacional ou de uma startup, se a empresa possui um chef de cozinha, mesa de pingue-pongue, tem um discurso estetizado sobre propósito ou, ainda, se pensa em padronizar as jornadas individuais para que os alvos e as metas da empresa sejam alcançados e, idealmente, superados. Isso não funciona mais. As pessoas não cabem mais dentro das antigas salas – de aula, reunião ou estar. Uma das características de empresas que se propõem a inovar e se manter relevantes para o mundo é a diversidade – a combinação e o encontro de diferentes competências, habilidades, trajetórias, vivências e estilos de trabalho e de pensamento que as pessoas trazem para o grupo.

Criar um contexto estimulante para o desenvolvimento das pessoas passa a ser exercício constante e permanente de empatia, e é somente por meio dessa projeção que conseguimos ter conversas de valor, entendendo "valor" como o que é importante e faz sentido não apenas sob a ótica da organização, como também para os vários stakeholders que compõem o seu cenário.

Se, por um lado, a empresa precisa ser mais responsiva à necessidade de transparência e confiança para que as pessoas saibam o que ela defende, onde ela quer chegar e como pretende cumprir sua promessa nas diferentes dimensões organizacionais (projeto, área, setor, região e mercado em geral), por outro, as pessoas precisam desenvolver autonomia e autoconhecimento, e buscar feedbacks para não seguirem apenas um caminho pré-definido.

E, aqui, voltamos a uma conversa importante: precisamos parar de flertar com a exaustão; é necessário nos conhecermos cada vez mais. E qual é o papel que as organizações desempenham não só nessa tarefa, mas também nas sociedades em que estão inseridas? Bem, antes de ser uma marca ou uma empresa, uma organização é um conjunto de pessoas. Sempre gosto de fazer o exercício de pensar no prédio de uma empresa. Quando olhamos de fora, tudo o que vemos são tijolos e concreto. Mas se voltarmos nosso olhar atento para a porta de entrada, para o pátio externo, para as janelas iluminadas, veremos pessoas, cada uma realizando suas funções para que a empresa possa prosperar. Esse é o mesmo quadro que vemos em nossa sociedade e, como você já deve imaginar, as pessoas daquela organização estão inseridas nessa sociedade.

A mãe que trabalha precisa de uma creche para poder deixar os filhos. O pai precisa poder desfrutar da licença-paternidade. A pessoa com deficiência motora precisa se locomover. A sociedade precisa fluir dentro e fora das portas da organização. Isso faz das empresas agentes sociais que precisam contribuir para a sociedade em que estão inseridas. Quando trabalhamos em um lugar que nos permite expressar quem somos sem medo, criamos um senso de pertencimento. Pessoas são seres com valores, crenças, desejos e necessidades diferentes. Cada indivíduo tem sua própria história e forma de vivenciar o mundo, fatores que interferem em seu comportamento. Sendo a organização um coletivo de gente, é essencial garantir que todas as diferentes vivências que a compõem sejam igualmente valorizadas.

É importante estar atento ao excesso de padronização e homogeneidade, não só de processos, mas também com relação às posições: quem está nos cargos de poder, quem é promovido, quem precisa se desdobrar mais para estar onde está. A forma como a gente percebe e interage com a realidade parte de um tipo de olhar, e o convite para essa discussão é que a gente possa trocar essa lente por uma mais inclusiva.

Me lembro de uma história que ouvi certa vez de uma funcionária que se demitiu porque, apesar de amar o trabalho, não se sentia livre para convidar a parceira para as festas da empresa e os jantares de confraternização. Sempre que o anúncio de um novo evento era feito, um de seus colegas perguntava se ela ia convidar o *marido*. O ambiente não parecia propício para que ela revelasse que, na verdade, tinha uma esposa. Tinha presenciado a hostilidade sofrida por um colega de trabalho ao descobrirem que era casado com um homem. Por mais que o salário fosse bom e as vantagens financeiras fossem muitas, ela não se sentia livre para ser quem, de fato, era.

No programa Sankofa, sobre o qual já contei aqui, ouvi muitos relatos de pessoas negras dizendo o quanto se sentiam encorajadas, após a participação na imersão, a dar continuidade em suas carreiras, almejando cargos de liderança. Porque ali se viram, se identificaram, se reconheceram. É vital entender que as escolhas feitas por uma organização definem a (falta de) contribuição para um futuro que seja próspero para mais pessoas. Eu me lembro de quando, durante a pandemia, participei de uma reunião para discutirmos as novas dinâmicas de trabalho. O tempo todo falava-se do "novo normal". Enquanto isso, na televisão, passava a história do menino Miguel, um garotinho negro que faleceu após cair do nono andar de um prédio onde a mãe dele trabalhava como doméstica, na casa de uma família branca de classe média alta. Em minha cabeça, só conseguia pensar que, enquanto ignorarmos o velho normal, o novo normal só contribuirá para ampliar a exclusão.

Discutimos espaços de trabalho cada vez mais dinâmicos e modelos baseados na colaboração em rede. Enquanto isso, ignoramos a falta de acesso de grande parte da população à internet. Talvez seja hora de dar um passo para trás para entender melhor os nossos contextos e o lugar de onde estamos falando. Porque, em 2020, para cada duas pessoas que trabalhavam de forma remota, no conforto de suas casas e tendo todas as respostas a poucos cliques do mouse, uma não tinha sequer acesso à web, de acordo com o IBGE. Quando falamos de dados como esse, estamos abordando um potencial criativo que é sistematicamente desperdiçado e negligenciado devido à exclusão digital. Queremos um mundo conectado, digital, tecnológico? Sim! Acreditamos que tudo isso é importante para uma cultura de invocação? Sim! Mas será que essa é uma realidade que inclui ou exclui? E como podemos agir para minimizar essa realidade e modificar a estrutura vigente? Se você, que me lê, é um gestor, pense no quanto a sua caneta pode ser decisiva para mudar realidades marcadas pela falta de acesso.

A mensagem é nítida: é preciso que as organizações parem de ver as pessoas apenas como recursos e comecem a enxergar funcionários como seres humanos completos, com suas próprias histórias, desejos e necessidades. Isso passa por reconhecer que cada pessoa é única e precisa ser valorizada como tal. Além disso, é preciso que as organizações sejam responsáveis por sua contribuição para a sociedade em que estão inseridas. Elas não podem ficar alheias aos problemas sociais; devem atuar para tornar o mundo um lugar melhor.

Afinal, trabalhamos hoje lançando sementes que serão colhidas no futuro. E com qual futuro sonhamos? Quais serão as possibilidades que surgirão diante de nós? Trago algumas pistas baseadas num relatório feito pela Unily (empresa que desenvolve projetos para fomentar o trabalho digital e a inovação nas periferias), em parceria com a plataforma futurista Kjaer Global. A previsão é que até 2030 os locais de trabalho sejam definidos por soluções personalizadas, com o foco em bem-estar, e com culturas que envolvam autonomia e inclusão. E isso porque já existe um movimento que "desamarra" o espaço do tempo, uma ação que nos desafiará a pensar em como criar uma coesão social e engajamento para equipes cada vez mais líquidas, espalhadas e exigentes. Isso faz com que as organizações comecem a refletir sobre como responderão quando as paredes entre o que é físico e o que é digital desmoronarem de vez. "A aprendizagem no local de trabalho será tão essencial, e potencialmente também tão natural, como respirar", sentencia um trecho do relatório que credita à tecnologia a possibilidade de novos caminhos pautados pela inovação. "Futuros locais de trabalho exigem líderes visionários, e eles serão aquelas pessoas que querem ser não só 'melhor do mundo', mas 'melhor para o mundo'", é o que conclui o documento elaborado por pessoas visionárias, que estão pensando lá na frente, de olho nas empresas que sobreviverão num mundo cada vez mais competitivo. Por fim, o relatório sentencia:

> Novos modelos organizacionais exigem autonomia, gestão plana, estruturas sustentadas por uma liderança orientada por propósitos e valores. O local de trabalho significativo do futuro que queremos ver: um futuro que agrega valor às organizações, indivíduos e a sociedade.

Não há dúvidas de que essa mudança de perspectiva é um desafio, mas é uma mudança que precisa ser feita se quisermos construir organizações mais saudáveis e humanas. É preciso compreender que, para criar o novo, ou seja, para inovar, nosso foco não deve estar em tecnologias e processos, mas em mudar a forma como pensamos e agimos.

CANETA, PAPEL E AÇÃO

Sonho × Realidade
O título deste exercício é inspirado nas palavras dos Racionais MC's.
1. Liste todas as demandas da sua realidade atual, incluindo trabalho, responsabilidades familiares, estudos e outras obrigações diárias. Seja o mais detalhado possível para ter uma visão clara de suas atividades e responsabilidades.
2. Recupere o mapa de sonhos ancestrais que você criou anteriormente. Revise os sonhos e objetivos que você visualizou para o futuro.
3. Faça conexões entre os sonhos e a realidade. Conecte seus sonhos às partes da sua realidade atual nas quais eles poderiam ser incorporados ou já se manifestam. Identifique onde há alinhamento e onde há desconexão.
4. Se houver áreas da sua vida que parecem desconectadas dos seus sonhos, reflita sobre como você pode iniciar pequenas mudanças para alinhar melhor esses aspectos. Pense em ações práticas e viáveis que você pode tomar.
5. Identifique passos práticos que você pode tomar para tornar seus sonhos uma parte mais integrada da sua realidade diária. Isso pode incluir:
    - Estabelecer novas rotinas que suportem seus sonhos.
    - Buscar novas oportunidades de carreira que estejam mais alinhadas com seus valores.
    - Dedicar tempo para atividades que reforcem seu senso de coerência com seus objetivos de legado e propósito.

9

Desconforto criativo

> *As perguntas que fazemos são mais importantes do que as respostas que procuramos. Elas abrem campos novos de investigação, enquanto as respostas fixam nossos pés em algum lugar.*
>
> Sir Ken Robinson

Para desafiar um mundo em que conforto frequentemente é confundido com sucesso, é essencial introduzir um conceito que representa um paradoxo estimulante e sinaliza um terreno fértil para inovação e transformação: o desconforto criativo. Esse conceito, que encorajo a ver como um princípio vital, nos desafia a abraçar o incômodo não como um obstáculo, mas como um catalisador para reflexão profunda e criatividade disruptiva. Na busca por interromper padrões enraizados, especialmente aqueles que perpetuam injustiças do passado, a quebra de continuidade é crucial. E que melhor maneira de provocar essa interrupção do que a partir de uma pergunta desafiadora?

O desconforto criativo transcende a mera tolerância à incerteza, posicionando-se como uma abordagem estratégica para "projetar o incômodo". Essa estratégia nos oferece a oportunidade de questionar, de forma incisiva e transformadora, as normas e convenções que moldam nossa realidade. Inspirado por uma fase crucial do design thinking (método amplamente utilizado nas empresas para solucionar problemas), o desconforto criativo enfatiza a importância do momento de redefinição. Esse estágio-chave transforma o desafio inicial em uma pergunta geradora, pavimentando o caminho para soluções inovadoras que vislumbram um futuro mais justo e sustentável.

Uma pergunta bem formulada tem o poder de ser inclusiva ao buscar ativamente soluções que desmantelem desigualdades e celebrem a diversidade. Em sua palestra no TEDx ESMPU, Marilda Silveira destaca o potencial das perguntas em desafiar o *status quo* e fomentar a inclusão, apontando o questionamento como um motor para mudança social e enfatizando a importância de abordar o desconforto de maneira construtiva e visionária.

No artigo *With Your Questions We Make the World*, Marilee Adams, Marjorie Schiller e David Cooperrider exploram a ferramenta QuestionThinking e o inquérito apreciativo, sublinhando a importância crítica das perguntas na criação de novas possibilidades e na modelagem de nossas realidades. A partir do modelo de mentalidade de Aprendiz-Juiz, os autores nos incentivam a fortalecer nosso espírito inquisidor, utilizando perguntas como ferramentas para explorar caminhos inexplorados rumo a um futuro mais inclusivo, equitativo e sustentável.

Essas abordagens representam uma oportunidade educacional sem precedentes, em que as perguntas transcendem a busca por respostas simples e atuam como veículos de crescimento pessoal e coletivo. Ao nos desafiarmos a enfrentar e questionar o desconforto, expandimos nossa compreensão do mundo e fortalecemos nossa capacidade de influenciá-lo de maneira consciente e significativa.

Meu convite ao desconforto criativo não é apenas um apelo à inovação; é um chamado à ação consciente e intencional de repensar e remodelar o futuro. Ele nos instiga a transcender autolimitações e normas externas, promovendo um processo de introspecção e questionamento capaz de revelar caminhos inéditos para um futuro desejável. Permitir-se ser guiado pela curiosidade e pela coragem de questionar abre a porta para deixar um legado significativo como ancestral do futuro, modelando um amanhã que diverge radicalmente das desigualdades e exclusões do presente.

Convido você, então, a gerar perguntas provocativas que reflitam sua busca por compreensão e seu desejo de contribuir para um mundo que priorize equidade, inclusão e sustentabilidade. Esse convite estende-se para as próximas páginas e além, incentivando a criação de perguntas que catalisem inovação e transformação, assegurando que o futuro seja não apenas uma extensão do presente, mas um reflexo de nossas aspirações mais elevadas como sociedade.

Ao olhar dessa maneira para a relação das boas perguntas com a criação do futuro, acabo por me lembrar de uma palestra de Stuart Firestein em que ele sugere reconsiderar a ignorância não como um déficit, mas como um espaço fértil para o questionamento e avanço do conhecimento. Esse ciclo de ignorância gerando conhecimento, que, por sua vez, provoca novas ignorâncias, é um lembrete poderoso de que o ato de perguntar é fundamental para o progresso humano. Assim, fazendo perguntas com curiosidade genuína, abrimos caminhos para descobertas e conexões mais profundas, tanto pessoais quanto coletivas.

Em última análise, o desconforto criativo e a arte de questionar são essenciais para desbloquear o potencial de inovação e mudança necessários para enfrentar os desafios de nosso tempo. Ao abraçar esses princípios, podemos aspirar a um futuro que não apenas responda às nossas perguntas mais provocativas, mas que também seja moldado por elas.

CANETA, PAPEL E AÇÃO

Tempestade de perguntas

Pense em diferentes áreas da sua vida pessoal, profissional e comunitária onde você pode fazer a diferença. Por exemplo: educação, saúde, trabalho, justiça social, meio ambiente, tecnologia, etc.

Em seguida, utilize a estrutura sugerida para formular perguntas provocativas.

COMO EU POSSO _____, CONTRIBUINDO PARA UM FUTURO EM QUE _____
_____
SEJA APENAS UMA PARTE VERGONHOSA DO NOSSO PASSADO?

Aqui estão alguns exemplos para te inspirar:
- Como eu posso promover a igualdade de oportunidades na minha equipe, contribuindo para um futuro em que a desigualdade salarial seja apenas uma parte vergonhosa do nosso passado?
- Como eu posso incentivar práticas sustentáveis na minha comunidade, contribuindo para um futuro em que a degradação ambiental seja apenas uma parte vergonhosa do nosso passado?
- Como eu posso apoiar a inclusão e autonomia de pessoas com deficiência no ambiente de trabalho, contribuindo para um futuro em que a falta de acessibilidade seja apenas uma parte vergonhosa do nosso passado?

10
Ouça longe

A liberdade serve para poder libertar alguém.

Toni Morrison

Se o mantra nas empresas frequentemente é posicionar o cliente no centro, eu convido você a uma jornada às periferias, às margens, onde residem aqueles frequentemente esquecidos ou deliberadamente excluídos do centro de nosso presente e, consequentemente, de nosso futuro projetado. Em um contexto cada vez mais polarizado e dominado por algoritmos, é fácil nos limitarmos a uma visão introspectiva ou imediatista, negligenciando o vasto espectro de experiências, lutas e narrativas que permanecem à margem de nossa percepção cotidiana. Ao ampliarmos nosso olhar e nos esforçarmos para perceber o que se passa além de nossos limites imediatos, confrontamo-nos com a primeira pergunta crucial: quem está nas margens?

Essa indagação serve como ponto de partida para explorar o conceito de design a partir das margens, uma abordagem inovadora que busca responder exatamente a essa questão, reconhecendo e incluindo aqueles frequentemente esquecidos ou deliberadamente excluídos dos processos de design e desenvolvimento. Vou convocar três mulheres maravilhosas para me auxiliar no desafio de apresentar um pouco desse conceito. Quero aqui colocar foco na contribuição que essa abordagem pode dar para a ampliação do nosso olhar e a importância de corrigir a miopia social que, muitas vezes, caracteriza nosso modo de interagir com o mundo.

Sasha Costanza-Chock nos apresenta a uma visão de design que centraliza as experiências e necessidades das comunidades marginalizadas, argumentando que, ao fazer isso, não apenas servimos melhor essas comunidades, mas também descobrimos soluções que beneficiam a todos. Ela defende uma reimaginação radical do processo de design, uma em que ninguém seja esquecido desde o início, desafiando os paradigmas tradicionais que, muitas vezes, priorizam as necessidades da maioria.

A pesquisadora Afsaneh Rigot, por sua vez, oferece uma perspectiva prática sobre a implementação desses princípios, especialmente focada na tecnologia e segurança on-line para a comunidade LGBTQIA+ em ambientes hostis. Seu estudo evidencia como o desenvolvimento de soluções e políticas negligentes podem colocar indivíduos em risco, destacando a importância de considerar as margens desde o início do processo de criação. Rigot propõe soluções práticas para mitigar esses riscos, mostrando como a tecnologia pode ser utilizada como uma ferramenta de empoderamento e proteção.

Erynn Hughes expande essa discussão ao enfatizar a diferença entre design acessível e design inclusivo. Hughes argumenta que a verdadeira inclusão requer uma abordagem que vá além de soluções genéricas, reconhecendo e valorizando as histórias e experiências únicas das comunidades marginalizadas. Isso envolve dar voz e vez às pessoas marginalizadas, para garantir que as soluções sejam livres de barreiras, permitindo que todos participem plenamente. Um imperativo ético e prático para criar um futuro que atenda a todos.

A junção dos pensamentos dessas mulheres nos convoca a uma profunda reflexão sobre a responsabilidade social que carregamos como lideranças, inovadores e cidadãos. Significa reconhecer a diversidade de experiências humanas e garantir que nossas inovações, produtos e serviços reflitam essa diversidade, abordando as necessidades de todos, não apenas daqueles que estão no centro. Ao questionarmos quem está nas margens, somos incentivados a investigar ativamente quem está sendo excluído e o porquê da exclusão, e a trabalhar para mudar essa realidade. Isso requer um compromisso contínuo de aprender, adaptar e aplicar uma empatia radical em nosso trabalho e em nossas vidas. O design a partir das margens, portanto, não é apenas uma abordagem metodológica, mas uma filosofia de existência que busca construir um mundo mais inclusivo, justo e humano.

Em suma, ao nos desafiarmos a olhar além de nossa própria realidade e questionar quem está sendo deixado para trás, abrimos as portas para uma mudança significativa.

O design a partir das margens é um convite para todos nós reconhecermos a riqueza e complexidade do tecido social em que vivemos e trabalharmos juntos para tecer um futuro em que cada pessoa seja valorizada e incluída.

"A liberdade serve para poder libertar alguém." Abri este capítulo com essa frase porque ela reflete o espírito do que buscamos ao adotar essa abordagem e porque eu quero desafiar você a repensar não apenas quem se beneficia de nossas inovações e soluções de design, mas também como podemos usar nossa liberdade criativa para ampliar a liberdade dos outros, especialmente daqueles em posições marginalizadas. É fundamental ainda considerarmos a importância de olharmos para o futuro com uma perspectiva crítica, invocando o pensamento do educador Paulo Freire. Freire nos ensina a questionar a favor de que e de quem a educação está, assim como contra o que e contra quem ela se realiza. Acredito que essa abordagem crítica não se aplica apenas à educação; ela é igualmente relevante quando pensamos na construção do futuro a partir do design, da tecnologia ou de qualquer outra forma de criação humana.

Por isso, ao olharmos para o futuro como uma mera continuidade do presente, devemos nos perguntar: ele está a favor de quem e contra quem? Essa questão ressoa profundamente com a necessidade de uma abordagem que não apenas reconheça as margens, mas ativamente busque incluir e valorizar as vozes e experiências dessas comunidades em nossas visões de futuro. Adotar essa perspectiva significa rejeitar a ideia de que o futuro deve inevitavelmente perpetuar as estruturas e dinâmicas de poder existentes. Ao contrário, devemos ver o futuro como um campo de possibilidades em que, a partir de nossas ações e escolhas presentes, temos o poder de moldar uma realidade mais justa, inclusiva e libertadora para todos. Isso envolve um compromisso consciente de usar nossa caneta, nosso trabalho e nossas criações para desafiar as injustiças e promover a equidade.

Cada decisão que tomamos e cada visão de futuro que criamos carrega consigo implicações sociais e políticas. Portanto, é nossa responsabilidade garantir que essas criações não apenas respondam às necessidades imediatas, mas também contribuam para um futuro em que o bem-estar e a liberdade de todos sejam priorizados. Em suma, olhar para o futuro através da lente do design para as margens e dos ensinamentos de Paulo Freire nos convida a uma prática contínua de questionamento e reflexão sobre as consequências de nossas ações. Isso nos desafia a imaginar e trabalhar por um futuro que não seja uma réplica das desigualdades do presente, mas um espaço de possibilidades inexploradas em que a liberdade e a justiça possam florescer com e para todos.

Ainda nesse contexto, o conceito de "saberes da fresta", inspirado nas reflexões de Luiz Antônio Simas e Luiz Rufino, oferece uma lente poderosa para repensarmos como abordamos a construção do futuro. O conceito nos convida a valorizar os conhecimentos que emergem nas "frestas" da sociedade, ou seja, nas margens, nos espaços intersticiais em que o oficial e o marginal se encontram e se misturam.

É um convite a reconhecer a riqueza e a relevância dos saberes que são frequentemente invisibilizados ou desvalorizados pelas narrativas dominantes.

A aplicação desse conceito à reflexão sobre o futuro nos desafia a olhar além das visões tecnocráticas e homogeneizadoras que frequentemente dominam os discursos sobre o amanhã e recheiam relatórios de tendências consumidos pelas grandes empresas. Em vez de imaginar um futuro que simplesmente amplia as estruturas de poder e exclusão do presente, os saberes da fresta nos incentivam a imaginar futuros plurais, construídos a partir da valorização de vozes e experiências diversas. Essa abordagem reconhece que as soluções para os desafios globais contemporâneos e futuros podem ser encontradas não apenas nos centros de poder tradicionais, mas também – e talvez principalmente – nas periferias, nas culturas e nas práticas que existem nas margens da visibilidade.

Assim, ao pensar sobre o futuro, é crucial adotar uma perspectiva que esteja conscientemente a favor de incluir os excluídos e contra perpetuar as desigualdades existentes. Isso significa abraçar a complexidade, a incerteza e a multiplicidade de caminhos possíveis, reconhecendo que cada escolha que fazemos hoje ajuda a moldar um amanhã que pode ser mais justo e inclusivo. O futuro, portanto, não deve ser visto como um destino predeterminado, mas como um horizonte de possibilidades que é constantemente negociado e reimaginado a partir das frestas de nosso mundo.

CANETA, PAPEL E AÇÃO

Reflita sobre as questões abaixo e as responda:
1. Quem são as pessoas marginalizadas em minha comunidade ou campo de interesse?
2. De que maneira minhas ações (ou a falta de ações) contribuem para a manutenção dessas margens?
3. Como posso usar minhas habilidades, meu conhecimento ou minha posição para beneficiar esses grupos?

11

Tecnologias não nascem, são criadas

> *Tornou-se aterradoramente claro que a nossa tecnologia ultrapassou a nossa humanidade.*
>
> Albert Einstein

Para que você se localize na nossa jornada, após a pergunta geradora, estamos preparando a ambiência para que ideias transformadoras surjam. Conversamos sobre pensar no futuro e agir no presente, falamos sobre o sonho como tecnologia ancestral e sobre a diversidade, a pluralidade e a multiplicidade como elementos fundamentais para a cocriação dos futuros desejáveis. Além disso, refletimos sobre a necessária compreensão de pessoas como pessoas e não como recursos, para que a inovação seja real e humana. No entanto, antes de partimos rumo à criação, ainda quero convidar você a mais uma reflexão: criar com a tecnologia, sem deixar que ela nos use.

De vez em quando, faço o exercício de analisar o papel da tecnologia no meu dia a dia. Por tecnologia, aqui, entendemos a acepção de tecnologia moderna, com aparelhos inteligentes, rápidos e sofisticados. Acordo, lavo o rosto, tomo meu café da manhã e passo um cafezinho. Durante esse tempo, posso dar uma verificada no meu celular, nos noticiários na televisão ou ler algumas páginas de um livro. Basicamente, todas as atividades que citei envolvem desenvolvimentos tecnológicos de alguma forma.

Água encanada. A geladeira que preserva os alimentos. A cafeteira elétrica. O micro-ondas que aquece a comida. O celular que nos liga a um monte de pessoas e aplicativos. A televisão. O leitor de livros – ou mesmo as máquinas necessárias para fazer com que um livro físico exista. Tudo isso é reflexo da evolução da tecnologia e do quanto ela faz parte das nossas vidas e, com sinceridade, torna as coisas bem mais fáceis. Creio ser importante explicar o conceito de tecnologia ao qual me refiro, porque muitas vezes a gente só considera tecnologia algo que foi criado depois que nascemos. A roda foi fruto de uma invenção tecnológica, mas hoje já não a consideramos mais uma inovação, de tão incorporada que ela está na nossa rotina, de forma que mal a percebemos.

Certa vez, ouvi uma história sobre uma criança de apenas cinco anos que queria saber o que tinha sido inventado primeiro: a privada ou o iPad. Isso porque, quando ela nasceu, ambos já existiam. Para essa criança, tecnologia será sempre a próxima grande invenção que ela puder presenciar, sem, de fato, perceber, por causa da falta de maturidade que faz parte da idade, que ela mesma é resultado das inúmeras invenções e dos avanços que permitem nossa existência. Mas isso é uma forma limitante de entender o que é tecnologia, reconhecendo-a apenas como o que é sinônimo de novidade.

Recentemente estive em Barcelona a trabalho e, enquanto andava pela cidade, troquei algumas mensagens com a editora do livro no Brasil. De forma instantânea. Alguns anos atrás, isso seria impossível. Ligações internacionais eram caríssimas, aplicativos de mensagens instantâneas não existiam e, até os anos 1990, tínhamos que procurar um local com computadores para poder enviar um e-mail. Quem se lembra das lan houses? Ou mesmo do período em que a comunicação era feita por telegramas, faxes ou cartas (que levavam meses para serem entregues). Recorro a essas memórias para dizer que sei o quanto a tecnologia é importante nas nossas vidas. Se bem usada, ela tem o potencial de melhorar o cotidiano. Mas, ao mesmo tempo, também tem o poder de excluir e alienar.

De acordo com Martin Heidegger, um importante filósofo contemporâneo, a tecnologia é uma forma de entender e modificar o mundo. Não é apenas uma ferramenta; é uma maneira de pensar e agir sobre o universo em que estamos inseridos. Outro filósofo que provoca discussões interessantes sobre o tema, Jacques Ellul, argumenta que a tecnologia é uma força poderosa e imparcial que tem um impacto significativo na sociedade e na cultura. Essas concepções fazem sentido para você? Para mim, fazem.

Além disso, é importante lembrar que a tecnologia não é neutra. Ela é criada e utilizada por seres humanos que têm valores, ideologias e interesses. Pensemos em Santos Dumont, Henry Ford, Bill Gates, Elon Musk. O que eles têm em comum? Pessoas visionárias, criadoras, com dinheiro e interesses expressos e manifestos nos equipamentos e produtos que desenvolveram e colocaram no mercado. Nada do que eles fizeram foi aleatório. Tudo foi pensado e pautado pelo que eles consideravam importante e interessante, para selecionar em que colocariam recursos financeiros, emocionais e intelectuais. Assim, a tecnologia pode ser usada para fins positivos, como ajudar na resolução de problemas sociais, mas também para negativos, como controlar e oprimir certos grupos.

Por isso, é importante ter uma perspectiva crítica sobre a tecnologia e o papel dela na sociedade. Ela pode ser uma força positiva para o progresso humano, ao mesmo tempo em que produz impactos sociais, éticos e culturais. Pensadores como Heidegger e Ellul nos ajudam a compreender a complexidade dessas relações e dos inúmeros artefatos, e a importância de uma abordagem crítica e consciente em relação à tecnologia. Precisamos problematizar o que nos parece dado e refletir para além do que está diante dos nossos olhos, na palma da nossa mão. Isso se faz ainda mais relevante nos tempos atuais, em que somos atravessados por forças que não compreendemos, como se fossem códigos indecifráveis. Por exemplo, acho que nunca ouvi tanto a palavra "algoritmo" como nos anos recentes. O algoritmo das redes sociais. O algoritmo do banco que vai decidir se você pode receber um empréstimo. O algoritmo das loterias. E o que seria isso? A lógica "maquínica" controlada por pessoas para decidir qual conteúdo será entregue nas redes sociais e terá o devido alcance, qual perfil de cliente terá acesso a determinada linha de crédito, qual anúncio será exibido enquanto se navega pelo YouTube.

Também nunca vi tantas informações sobre inteligência artificial quanto nos últimos meses. O que antes era um termo conectado a filmes de ficção científica agora faz parte das nossas vidas e rotinas, e vemos discussões bastante contundentes sobre o que a inteligência artificial pode fazer e quais seriam seus limites. É uma realidade que parece distante demais do que vivíamos há não tantas décadas assim. Eu sou parte da geração que chegou a fazer aula de informática.

Aos treze anos, comecei a mexer com computadores, que naquela época surgiam como uma divisão entre quem estaria alinhado às maiores chances de empregabilidade e quem estaria mais uma vez longe de um futuro promissor. Mesmo diante da dificuldade financeira do meu contexto social, meus pais fizeram questão de que eu aprendesse a lidar com aquele equipamento que definitivamente não fazia parte do nosso mundo. Estamos falando do começo dos anos 1990, época em que se colocava uma capa para proteger os monitores, que tinham aquelas traseiras enormes e ocupam um espaço gigantesco. Eu via no computador o poder de transformar minha vida e de ingressar em uma carreira que me permitiria alçar voos maiores do que aqueles que pareciam programados para mim. Estava certa. Muitas pessoas riem ao relembrar o tempo em que havia a salinha do computador em casa e só era possível se conectar na internet em determinados horários para que a conta não ficasse alta demais. Me matriculei em um curso técnico para me aventurar na manutenção dessa novidade recém-surgida, que prometia mudar o mundo. Porque, como a leitura, a tecnologia me permitia sonhar com um futuro diferente. Parece que estamos falando de outra vida, mas apenas trinta anos separam as memórias que compartilho e os dias atuais.

Hoje, é difícil nos imaginarmos sem nossos celulares, certo? Mas, ao mesmo tempo que temos essa dependência tão grande de nossos aparelhinhos eletrônicos, 170 milhões de pessoas não têm acesso à internet no Brasil, de acordo com dados do IBGE de 2021. Existia uma expectativa muito grande de que os avanços tecnológicos poderiam livrar a humanidade de tarefas mais enfadonhas e perigosas por meio das automações. O principal objetivo de muitas das ferramentas tecnológicas que construímos no passado era ampliar a potência humana, ou seja, aquilo que o ser humano tem de maior capacidade. A tecnologia poderia, por exemplo, aumentar a capacidade de carregar peso, nos livrando dessa tarefa árdua e permitindo mais tempo para pensar, para raciocinar, para criar. Queríamos transferir para as tecnologias atividades que pudessem nos libertar, e a ideia era de que isso nos daria mais tempo para o ócio e para a construção das relações. De certa forma, isso acontece em indústrias que têm parques totalmente automatizados por braços mecânicos e equipamentos que praticamente operam sozinhos a partir de um único comando feito por um técnico.

Analisando nossas vidas atuais, seria possível afirmar que a promessa de desenvolvimento associada a mais tempo livre e melhoria da qualidade de vida de fato se cumpriu? Enquanto discutimos modos de melhorar a tecnologia, entramos em um processo de robotização das pessoas, em que nos tornamos aquilo que produzimos, como falamos no capítulo anterior. Sim, para algumas pessoas os recursos poupam tempo, mas, sinceramente, não consigo estabelecer se aproveitamos esse tempo "ganho" para fazer o que nos traz sentido ou se acumulamos mais tarefas em busca de um alto desempenho.

Certa vez, conforme pesquisava formas diferentes de me organizar digitalmente, entrei no YouTube para pesquisar sobre calendários digitais, como armazenar documentos na nuvem e quais aplicativos de gerenciamento de projeto se adequariam melhor às minhas necessidades. Me lembro de um vídeo que vi em que uma mulher dizia que organizava seus horários em blocos no calendário. Aquilo me pareceu muito interessante, até perceber que, naquela organização, não havia espaço para a humanidade. Eram apenas ações, funções, execuções. Ela pulava de uma tarefa para a outra, com hora certa para começar e terminar, e, se algum imprevisto acontecesse no meio, ficava frustrada pela bagunça nos horários pré-estabelecidos; não tolerava sequer um erro, um equívoco ou algo não planejado. A sensação que me passou era a de que ela gostaria de se programar como um robô, colocando uma atividade atrás da outra na fila para, no fim do dia, ter a sensação de dever cumprido. Só esqueceu que, por mais artefatos que possamos incorporar nas nossas existências, ainda não somos máquinas. Ainda bem!

Pensando nisso, diante de tantos dispositivos que deveriam facilitar nossas vidas, por que nos sentimos cada vez mais frustrados? Comecei, então, a analisar o conceito de tecnologia responsável, que considera os valores, as consequências e os impactos da tecnologia em nossas vidas, tanto aspectos positivos quanto negativos. Levando em consideração o fato de que muitas das inovações, facilidades digitais e inúmeros recursos técnicos vieram para ficar, precisamos pensar nos efeitos que eles trazem para a nossa vida e em como a tecnologia pode ser mais inclusiva e acessível, ajudando a implementar novidades de forma responsável.

Isso engloba também questões que têm se tornado cada vez mais urgentes, como privacidade de informações, proteção de dados e inclusividade. Temos tecnologias que conseguem desbloquear o celular com o rosto, mas elas apresentam um número maior de falhas com o rosto negro, por não o reconhecer. O que essa "falha" nos diz? Para quais sinais dos nossos tempos ela aponta? Ao que me indica, ainda temos a trabalhar para não criar dispositivos e recursos ainda mais excludentes.

Também precisamos refletir que criar tecnologias sem viabilizar o acesso a elas é uma forma de reproduzir os padrões de exclusão já existentes na nossa sociedade. Quando penso, por exemplo, em metaverso, meu olhar inevitavelmente se volta para as perguntas não feitas: quem cabe no futuro tecnológico que estamos construindo? Por quem e para quem essas tecnologias são traduzidas? Quem fará parte do universo das NFTs e dessas realidades virtuais que prometem revolucionar as relações?

Abordar tais preocupações de forma responsável é um desafio vital para as organizações e pode causar impactos importantes em nossa sociedade. Trazer valores humanos para a tecnologia é essencial para melhorar nossas vidas. A evolução tecnológica deve ser aliada a uma postura responsável e crítica de seus riscos. Desenvolver mais protótipos, mais plataformas, mais equipamentos sem respaldo de reflexões sociais, antropológicas e filosóficas não parece ser o melhor caminho. Na verdade, sugere que estamos percorrendo a mesma rota, uma que vai nos conduzir aos mesmos problemas, em que a margem não consegue sequer se aproximar dos centros. Por isso, se você está numa posição de liderança, novamente pergunto: qual é a mudança que a sua caneta alcança? Sua caneta continua criando cenários em que somente as mesmas pessoas podem circular? Em que apenas as mesmas ideias são ventiladas? Os mesmos livros lidos? As mesmas realidades reproduzidas? As mesmas pessoas contratadas? Os mesmos perfis nas posições de poder?

Se tecnologias não nascem, mas são criadas, por que refletir nelas o que gostaríamos de eliminar em nossa sociedade? Tecnologias não reproduzem padrões de racismo, sexismo, homofobia e capaticismo por conta própria. Nós munimos a máquina de imagens, padrões e informações, e delegamos a ela o processamento e a definição. Se esses dados são baseados em estruturas sociais enraizadas no passado, estamos apenas reproduzindo na tecnologia as falácias que não conseguimos consertar em nossa sociedade. E, assim, continuaremos observando padrões antigos em uma nova roupagem, mais tecnológica, mais estética, mas sem profundidade. Apenas mais do mesmo. Para os mesmos círculos sociais. E, como já deixei evidente, sem diversidade, com menos criatividade, menos inovação, menos futuro.

Te convido agora a fazer um exercício de visualização. Imagine que você está caminhando pela rua da sua casa para ir até a padaria mais próxima quando surge uma viatura policial. A justificativa é que um dispositivo de reconhecimento facial identificou seu rosto como sendo o de alguém que está fugindo da justiça. Você tem plena consciência de que aquilo é um engano, mas não é possível discutir com a máquina que realizou a identificação, tampouco com os policiais. Então, os oficiais da justiça levam você para interrogatório. Pode parecer uma cena retirada de um filme de ficção científica ou de uma série como *Black Mirror*, mas casos como esse nos fazem pensar no que há por trás das tecnologias. Sempre que eu escuto termos como "aprendizado de máquina" (*machine learning*) me vêm imediatamente as perguntas: quem está ensinando? O que está sendo ensinado? Quem se beneficia com esse aprendizado?

Se a tecnologia faz parte de nossas vidas, é importante questionar a ausência de diversidade no grupo de pessoas por trás do desenvolvimento e da evolução das tecnologias atuais. Ou seja, deveríamos estar preocupados em saber o que é ensinado à inteligência artificial e quem está a programá-la. Quais são os interesses por trás? Pensar a forma como construímos a tecnologia é buscar quebrar padrões que levam à discriminação digital; é impedir que a tecnologia do século XXI tenha a mentalidade do século XIX.

Portanto, novamente aqui reforço: o papel das empresas e das lideranças é fundamental na construção de uma tecnologia responsável e inclusiva. É necessário que haja uma conscientização quanto aos impactos sociais e éticos das tecnologias e que eles sejam considerados desde sua concepção e seu desenvolvimento. Além disso, é importante que haja diversidade e representatividade nas equipes responsáveis pelo desenvolvimento tecnológico, para garantir outros olhares, não viciados nas mesmas ideias, para que as lógicas que conduzem os artefatos sejam construídas para atender às necessidades e expectativas da sociedade como um todo, e não apenas a uma parcela, como vemos com frequência. Ao fazer isso, contribuiremos para uma sociedade mais justa e equânime, em que a tecnologia é vista como um meio para melhorar nossas vidas e não como um fim em si mesmo.

A questão é: estamos dispostos a construir uma tecnologia responsável e inclusiva, ou vamos permitir que ela nos controle? A quem entregaremos tanto poder?

CANETA, PAPEL E AÇÃO

1. Revise seu plano de ação e identifique as tecnologias que você já utiliza ou que estão disponíveis para ajudar na realização de suas metas. Considere ferramentas digitais, softwares, aplicativos, equipamentos e metodologias que já existem e que podem ser úteis.
2. Faça uma lista detalhada das tecnologias existentes que podem contribuir para a execução do seu plano de ação. Para cada tecnologia, descreva como ela pode ser utilizada para facilitar ou potencializar suas ações.
3. Faça um exercício criativo de imaginar quais tecnologias poderiam ser desenvolvidas no futuro para ajudar ainda mais na realização de seus objetivos. Pense em inovações que ainda não existem, mas que seriam ideais para as suas necessidades.
4. Incorpore as tecnologias úteis existentes no seu plano de ação, detalhando como e quando você vai utilizá-las. Para as tecnologias desejáveis, pense em formas de acompanhar tendências e inovações que possam tornar essas ideias uma realidade no futuro.

12

É urgente avançar

> *Em razão disto, é ir à luta e garantir os nossos espaços que, evidentemente, nunca nos foram concedidos.*
>
> Lélia Gonzalez

Em um momento de transição crucial, em que a humanidade se encontra na encruzilhada entre a perpetuação de sistemas falhos e a criação de um novo futuro, a necessidade de avançar das ideias para a ação nunca foi tão urgente. Para serem efetivas, essas ações devem ser norteadas por objetivos claros, com intenção e método, refletindo nossa indignação com o presente, mas de uma forma organizada, com o intuito de construir o futuro que desejamos. Aqui, a ideia de protopia, conforme articulada por Monika Bielskyte, oferece uma terceira via promissora além do binarismo tradicional utopia-distopia, apontando para um futuro que é radicalmente esperançoso, inclusivo e, acima de tudo, vivível.

Futurista e pesquisadora de futuros, Monika Bielskyte tem dedicado mais de uma década à exploração de futuros emergentes em mais de cem países, com um foco especial nas perspectivas do sul global. Sua abordagem ao futurismo é profundamente enraizada na realidade contextual e complexa, desafiando tanto narrativas distópicas quanto utópicas, e propõe uma rota em direção a visões de futuro esperançosas, inclusivas e realmente habitáveis. Em seu trabalho, Monika explora o ciclo de feedback entre os valores culturais, sociais e políticos da humanidade e as ferramentas científicas e tecnológicas que produzimos, utilizamos e, muitas vezes, abusamos. Como fundadora da Protopia Futures, ela prototipa designs de mundos futuros que são culturalmente expansivos, social e ambientalmente engajados, aplicando lições de ficção científica convincentes de forma visual e narrativa para tornar as conversas sobre o futuro mais acessíveis e cativantes.

A ideia de protopia como alternativa ao binarismo distopia-utopia oferece uma visão de futuro que não é nem um apocalipse inevitável nem um paraíso inatingível, mas um progresso contínuo e incremental. Essa perspectiva reconhece que, embora não possamos alcançar a perfeição, podemos criar um mundo progressivamente melhor a partir de melhorias sucessivas. Assim, a protopia nos convida a valorizar cada passo adiante, cada inovação e cada conquista, não importa quão pequena, como parte de um processo evolutivo em direção a um mundo mais justo e sustentável.

A visão distópica, frequentemente retratada como desolada e além do reparo, tornou-se tão banalizada que agora serve mais como meme do que como conto de advertência. Todavia, o preocupante é que tais visões distópicas também têm sido usadas como roteiros de produtos para tecnologias de vigilância preditiva racialmente enviesadas, exemplificando como a distopia se tornou um projeto em si.

Por outro lado, as visões utópicas, muitas vezes imaginadas como perfeitas a ponto de apenas poderem existir a partir de um salto prodigioso sobre as desigualdades atuais, tendem a ser profundamente excludentes e perpetuam a experiência do privilégio. Isso sem mencionar que muitas utopias históricas se transformaram em pesadelos eugênicos ou genocidas, evidenciando a utopia como um projeto colonial em muitos casos.

A protopia surge como uma resposta necessária a essas narrativas limitadas, oferecendo um quadro para visões compartilhadas do futuro que são intencionalmente inclusivas e esperançosas. Esse quadro não é um destino final, mas um processo contínuo e iterativo de diálogo, questionamento e adaptação, centrado em perspectivas anteriormente marginalizadas, especialmente aquelas na interseção da Indigeneidade, Queeridade e Deficiência.

Estes são os Sete Princípios da Protopia, propostos por Monica e seus colegas:

1. **Pluralidade – Além dos binários:** a não tolerância e a resistência ativa à violência de categorizações e discriminações excludentes, como misoginia, racismo, colorismo, xenofobia, homofobia, transfobia, capacitismo, etarismo e classismo.

2. **Comunidade – Além das fronteiras:** narrativas que celebram comunidades unidas em vez de glorificar "heróis salvadores" individuais.
3. **Celebração da presença:** futuros que são corporificados e interdependentes, valorizando experiências sensoriais expandidas e inclusivas.
4. **Ação regenerativa e vida como tecnologia:** priorizar práticas regenerativas sobre soluções de sustentabilidade insuficientes, com foco na Biologia em vez de Tecnologia Mecânica.
5. **Espiritualidade simbiótica:** buscar práticas espirituais que reconheçam a sabedoria ancestral ao mesmo tempo que expandem a investigação científica.
6. **Criatividade e subculturas emergentes:** celebrar o papel da criatividade além do elitismo de disciplinas anteriormente rotuladas como "artísticas".
7. **Evolução dos valores – Cultura de contribuição:** mover-se para além das culturas de exploração e ganância colonial/neocolonial, em direção a culturas de equidade, contribuição e mutualidade planetária.

Ao abraçarmos esses princípios, somos convidados a imaginar e trabalhar por futuros em que a justiça, a equidade e a sustentabilidade são centrais. Esse é um convite para participarmos ativamente da construção de um mundo que reflita não apenas nossa indignação organizada com o presente, mas também nossa esperança e visão para o futuro. Inspirados pela frase de Lélia Gonzalez que eu trouxe no início do capítulo, reconhecemos que a verdadeira mudança emerge da nossa capacidade de transformar a indignação em ação, canalizando nossa coletiva insatisfação para criar um legado duradouro de justiça, igualdade e humanidade. Esse é o caminho protópico que nos move para além de um horizonte nunca totalmente alcançável, mas sempre orientando nossos passos em direção a um futuro mais inclusivo e regenerativo.

CANETA, PAPEL E AÇÃO

Volte ao plano de ações ou mesmo ao mapa de sonhos ancestrais e escolha um item que deseja materializar de forma urgente. No diagrama abaixo, coloque-o na etapa "Sonho Urgente", em que a inspiração é o ponto de partida. Mantenha-se flexível e aberto a mudanças. Isso permite que sua visão se adapte e evolua conforme necessário.

Na elipse "Realidade Atual", avalie honestamente como é o cenário presente em relação ao seu objetivo. Adapte-se rapidamente às novas informações para ajustar sua abordagem.

Em "Metas Intermediárias", estabeleça marcos alcançáveis que representem passos concretos entre seu ponto de partida e o sonho final. Transforme essas metas em pequenas vitórias durante a etapa de implementação.

Celebre cada conquista, por menor que seja, para manter a motivação e o progresso contínuo.

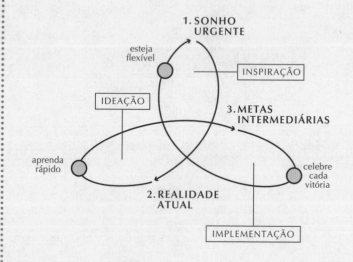

13

Erga sua voz

*Se você está quieta, não tem causa impacto algum.
Então, não fique quieta; seja barulhenta para caramba!*

BOZOMA SAINT JOHN

Com sua exortação vibrante, Bozoma Saint John (primeira mulher negra na alta liderança de algumas das maiores empresas do mundo) nos lembra da importância de sermos audíveis e impactantes em nossas trajetórias. Em um mundo saturado por vozes que se sobrepõem e mensagens que se perdem na cacofonia do cotidiano, a urgência de fazer nossa voz ressoar com clareza nunca foi tão crítica. Esse princípio se alinha perfeitamente com a jornada em direção à protopia, em que os produtos do nosso imaginário futuro precisam não apenas ecoar, mas reverberar poderosamente no mundo, alcançando e inspirando o maior número possível de pessoas.

Em face do presente desigual, injusto e excludente que habitamos, o desconforto e a insatisfação com esse *status quo* não são sentimentos a serem silenciosamente tolerados.

Eles devem ser vocalizados, compartilhados e transformados em um ruído incômodo para o coletivo. Nossa provocação não deve ser um sussurro, mas um estrondo que perturba a complacência e convida ao diálogo, à reflexão e, mais importante, à ação.

Nossas respostas, nascidas do resgate ancestral, da cocriação com as margens e do contínuo processo de prototipagem de futuros desejáveis, devem ser percebidas como inadiáveis. Para que ganhem potência, é essencial que alimentem novos imaginários, se multipliquem e inspirem novas soluções. Encarar a esperança como indignação com coragem também é fundamental para impulsionar essa transformação.

Enquanto refletia sobre essas ideias e redigia estas páginas, assistia ao documentário *A noite que mudou o pop*, que relata como um projeto liderado e orquestrado por pessoas negras conseguiu reunir as maiores estrelas da música *pop* dos anos 1980 para gravar "We Are the World", uma canção destinada a chamar atenção para a fome na África – questão que, até então, parecia ser amplamente ignorada. O projeto tinha tudo para dar errado, mas triunfou por inúmeros motivos, entre eles a determinação de fazer com que essa canção, esse incômodo em forma de música, ecoasse pelo mundo. Isso incluiu a disposição de deixar o ego de lado, conforme simbolizado pelas palavras de Quincy Jones, um dos líderes do projeto, escritas à mão em um cartaz na entrada do estúdio: "Deixe seu ego na porta".

A letra da canção, escrita por Michael Jackson, encapsula de maneira eloquente este livro, que é também um chamado à ação: "Nós não podemos continuar fingindo dia após dia / que alguém, em algum lugar, em breve fará uma mudança. / Somos aqueles que fazem um dia mais brilhante / Então vamos começar a contribuir". Esses versos não apenas evocam a necessidade de participação ativa na construção de um futuro melhor, mas também ressaltam nossa responsabilidade coletiva de sermos arquitetos desse futuro.

Portanto, erguer nossa voz não é apenas um ato de expressão pessoal, mas um imperativo para a criação de protopias que reflitam os valores de equidade, inclusão e justiça. É um convite para cada um de nós contribuir, com nossas próprias vozes e ações, para a sinfonia de mudanças que pode transformar o mundo. Ao fazer isso, não apenas desafiamos o presente, mas também pavimentamos o caminho para futuros que, embora ainda não existam, podem ser vividamente imaginados e, finalmente, realizados a partir da nossa determinação e criatividade.

> ### CANETA, PAPEL E AÇÃO
>
> **Manifesto dos ancestrais do futuro:**
> **compromisso com a mudança**
> Escreva um manifesto. Esse documento servirá como um poderoso lembrete da sua responsabilidade em moldar o futuro de maneira consciente e intencional, garantindo que as ações de hoje criem um legado do qual as futuras gerações possam se orgulhar. Ele também é uma ótima forma de você contar ao mundo o que deseja fazer, convidando as pessoas a

fazerem a mudança com você ou se apresentando para contribuir com as transformações que elas já estão realizando.

Proponho a seguinte estrutura:
- *Introdução*: escreva um parágrafo de abertura que capture a essência do manifesto e a urgência da mudança. Explique brevemente por que você está escrevendo este manifesto e o que espera alcançar com ele.
- *Sonho e legado*: sintetize aqui seu sonho e o legado que deseja deixar. Descreva sua visão para o futuro e como você imagina que suas ações de hoje contribuirão para essa visão.
- *Valores*: enumere três valores fundamentais que vão servir como farol para você; forneça uma breve descrição de cada um, explicando por que esses valores são importantes e como eles guiarão suas ações e decisões.
- *Compromissos*: elabore sobre os compromissos específicos que você está disposto a assumir para tornar seu legado uma realidade. Detalhe as ações concretas que você planeja tomar e como essas ações se alinham com seus valores e visão.
- *Chamado à ação*: conclua o manifesto com um poderoso chamado à ação, convidando outras pessoas a se juntarem ao esforço coletivo para a mudança. Explique como elas podem se envolver e contribuir, e inspire-as a agir de acordo com os valores e objetivos compartilhados.

14
Crie para as margens, solucione para o mundo

> *Por que escrevo?*
> *Porque eu tenho de,*
> *Porque minha voz,*
> *em todos seus dialetos,*
> *tem sido calada por muito tempo.*
> JACOB SAM-LA ROSE

Para mim, a escrita não é um fio que se estende em linha reta. Esse trabalho de costurar ideias, nomear e partilhar a minha voz com o outro me parece muito mais um exercício de costura, em que vários fios se unem, apontando para diferentes direções, na tentativa de construir um tecido de sentidos.

Escrevi o parágrafo acima no prólogo da minha dissertação de mestrado, apresentada em 2023, e aqui também o reproduzo conforme caminhamos em direção ao fim deste livro. Entendo que, tanto a dissertação como todas estas páginas que você leu até aqui abrem possibilidades de diálogos e relações. Tal qual uma encruzilhada, apontam para caminhos possíveis.

Quero contar essa história porque acredito que ela ilustra de forma prática toda a nossa jornada. E, ainda mais, exemplifica bem o momento que estamos: a hora da ação. É o momento de criar com as margens e solucionar para todo o mundo. Mais do que uma geração de ideias, é hora de abrir caminhos possíveis com pequenas ou grandes ações, de dar resposta aos incômodos e afirmar com fatos como podemos ser bons ancestrais.

Durante os cerca de dois anos em que fui aluna da Universidade do Estado de Minas Gerais (UEMG), quis entender como as mudanças estruturais no mercado de trabalho, atreladas à aceleração tecnológica, constroem um novo contexto de oportunidades ao mesmo tempo em que geram impactos e riscos para os trabalhadores à margem dessas mudanças – especialmente no caso daqueles que estão sub-representados, como as pessoas negras. Me propus a refletir, por meio do design, sobre novas vias para a construção de cenários mais plurais, de forma que as mulheres negras, meu objeto de estudo, estejam incluídas nesse mercado de trabalho.

Assim, como este livro, o processo de escrita da dissertação me levou a revisitar a minha história, pelas lentes do Design de Transição e do Design para as Margens, que são ferramentas estratégicas, embasadas cientificamente. A ideia pautada pela transição, elaborada por Terry Irwin em 2015, aponta as possibilidades de adotar o design enquanto prática modificadora da realidade. A combinação com outras áreas do conhecimento permite que se empreguem habilidades e metodologias em contextos sociais fora do âmbito do negócio e do consumo capitalistas. Qual seria o impacto disso? A geração de mudanças substanciais nos atuais paradigmas e modos de viver, questionando o que é proposto como inquestionável. E o que queremos com isso? Projetar existências em um futuro que possui modos de vida mais justos e menos autodestrutivos.

Já o Design para as Margens, proposta elaborada por Ceasar McDowell, em 2019, nos instiga a repensar a criação de dinâmicas de centro e margem, inclusão e periferia, propondo que se faça um movimento diferente do que estamos acostumados. Ele sugere que se parta das margens, prioritariamente, não simplesmente incluindo-as em projetos destinados àqueles que habitam os centros – espaciais e simbólicos –, mas tomando as margens como cerne dos projetos. Afinal, aquilo que engloba as margens também engloba os centros e beneficia a todos.

Então, se colocarmos essas duas perspectivas para dialogar, se nos abrimos para entender a potência desse desafio, dessa encruzilhada, podemos nos perceber numa prática de "desfuturação", nos movendo em direção à reparação do passado e à construção de outro futuro. Porque é função do designer olhar para o seu próprio tempo e entender a própria responsabilidade diante dos modos de vida que se criam e se perpetuam. E assim nos colocamos nas trincheiras para a construção de padrões não racistas, não sexistas e não classicistas.

Para chegar às conclusões que apresentei na minha banca, conversei também com muitas tecnologistas negras da empresa de desenvolvimento de software em que eu trabalhava, já sabendo que era um ambiente diferenciado, afinal 37% dos funcionários se identificam como pessoas negras, e que se destacava por promover discussões e políticas de diversidade, equidade e inclusão de grupos sub-representados na indústria de tecnologia.

Foi num gesto duplo, de tecer a discussão com todo um aparato de leitura por trás, que também teci a minha história, costurando minhas experiências com as de minhas semelhantes. Também fui inspirada por bell hooks, que escreveu:

> Ao olharmos e nos vermos, nós mulheres negras nos envolvemos em um processo por meio do qual enxergamos nossa história como contramemória, usando-a como forma de conhecer o presente e inventar o futuro.

Novamente, num gesto de *sankofa*, precisamos olhar para o passado das mulheres negras para compreendermos o mundo em que vivemos e qual futuro desejamos para nossa sociedade, especialmente quando pensamos no Brasil, um país tão plural, tão miscigenado, tão colorido. Segundo Angela Davis, para que seja possível compreender muitos dos problemas enfrentados na atualidade, é necessário deslocar as mulheres negras para o centro da análise em relação à posição marginal que elas ocupam nas discussões sobre racismo, sexismo e exploração de classe. Porque a busca por compreender as vivências delas – ou melhor, *nossas* – revela marcas e cicatrizes deixadas como um legado da escravidão. Esse legado pode ser visto na estrutura das relações de trabalho, nas relações sociais e raciais, e nos imaginários que se constroem em torno da figura da mulher que tem na cor da pele tantos atravessamentos, e que representa, segundo dados do IBGE de 2021, quase 28% da população brasileira.

A situação se torna ainda mais evidente (e complexa) quando olhamos para os dados do Instituto de Pesquisas Econômicas Aplicadas (Ipea), atualizados em 2021, que revelam os desafios enfrentados por essas mulheres no mercado de trabalho. Elas representam a maior parte das trabalhadoras domésticas (57,6%) e têm menor acesso a empregos com carteira assinada e outros benefícios trabalhistas em comparação a homens e outras mulheres. Outros estudos indicam que, mesmo quando possuem qualificações acadêmicas, elas enfrentam barreiras significativas para avançar em carreiras das áreas de Ciência, Tecnologia, Engenharia e Matemática por causa do racismo estrutural que permeia esses campos.

Em 2018, a Olab (organização sem fins lucrativos, sediada no Brasil, que trabalha para democratizar as tecnologias na busca por um mundo mais justo) produziu o relatório *PretaLab*. O documento evidencia a necessidade de inclusão de mulheres negras e indígenas nas áreas de Inovação e Tecnologia. A pesquisa contou com dados de 570 mulheres, que revelaram a falta de estímulo, de iniciativas e de políticas específicas para tornar possível que mulheres se interessem por tecnologia. No entanto, a Olab trouxe dados de que nos países em que a diversidade de gênero é maior em cargos executivos, por exemplo, as chances de lucro aumentam mais de 20%. Já na análise da diversidade étnica, o resultado é ainda mais positivo e a possibilidade de incremento nos ganhos é de 33%. Ou seja, excluir as mulheres negras dessas áreas é prejudicial não somente para elas, que encontram barreiras gigantescas para escapar de empregos que não as permitem ascender profissional e socialmente, mas também afeta negativamente os resultados financeiros das empresas que relutam em contratá-las.

Por isso, na minha dissertação, escrevi aquele desabafo, misturado à indignação que trago também para estas páginas. Como nomear as inúmeras rejeições que uma mulher negra experimenta em processos seletivos, ao longo de sua carreira profissional, se não há manifestações explícitas de racismo? Como dar visibilidade aos mecanismos silenciosos que operam no cotidiano de instituições, fazendo com que mulheres negras permaneçam nos mesmos cargos anos a fio, sem nenhuma possibilidade de promoção? Quais são os efeitos para as subjetividades dessas mulheres no que se refere à sua capacidade e potência na produção do mundo? Ignorar os marcadores de raça, gênero e classe nas discussões sobre o trabalho – e suas crises – não contribui para que o racismo e as desigualdades de gênero se perpetuem? O que a sociedade perde ao relegar mulheres negras aos patamares mais baixos no mercado de trabalho?

Qual é o impacto da sua caneta diante de tudo isso que acabei de falar? Se você é uma mulher negra, ou tem uma mulher negra por perto, nada do que escrevi foi novidade. No entanto, se você nunca esteve na margem e sempre ocupou o centro, talvez esses dados e questionamentos estejam sendo encarados pela primeira vez. Se você é alguém em posição de liderança, sua responsabilidade é enorme, e sua caneta pode mudar destinos.

Voltando à minha pesquisa, para promover a conversa que eu queria, fiz um brainstorming de trinta minutos, em que as convidei para escrever sobre o futuro preferível de mulheres negras na tecnologia. Pedi que as ideias fossem pensadas de forma ampla e global, considerando as gerações futuras. As tecnologistas que entrevistei falaram de sonhos ancestrais que se concretizam a partir delas, não sem esforço, apoio e enfrentamento das forças contrárias a isso, da frustração ao encontrar um mercado injusto, que coloca barreiras na migração dessa parcela da população da margem para o centro; também desabafaram que a liberdade de desejar, nesse contexto, é quase um luxo. Ou seja, mãos invisíveis empurram mulheres negras para as condições mais precárias e vulneráveis de trabalho, além de retirarem e oprimirem parte das suas capacidades criativas em prol de uma lógica racista, machista e classista. Isso restringe ainda mais os acessos e as permanências dessas mulheres no mercado de trabalho, violando gravemente os direitos de mulheres negras e pobres, e produzindo o mundo a partir de uma perspectiva branca e masculina.

Como lutar contra um sistema tão injusto? Redes de apoio e de afeto aparecem como estratégia para contornar as dificuldades no processo de busca e manutenção de emprego. Essas redes de resistência extrapolam a lógica neoliberal que as marginaliza, pois suas histórias reproduzem raciocínios mais justos e diversos, nos quais cabem os próprios sonhos e expectativas. Por isso, para essas mulheres, há o desejo de se firmar meios alternativos para estabelecer também redes virtuais, secretas e presenciais de mulheres negras da tecnologia para permitir a necessária orientação de aquilombamento e o compartilhamento de melhores práticas, e para que mulheres negras da tecnologia sejam modelos visíveis para outros pares. E com que elas sonham? Segundo o que me revelaram, com muitas mudanças de rota, com alternativas, com novos mundos. E sonham alto, e profundo, e longe.

Encerro este capítulo com alguns desses sonhos, para que possamos sonhá-los juntos: construção de redes terapêuticas acessíveis; aperfeiçoamento das leis de intolerância religiosa; criação de fundos para desenvolvimento de tecnologias descentralizadas; fortalecimento e integração de redes locais e comunitárias de tecnologia; fortalecimento de iniciativas voltadas para lugares onde se concentram pessoas pretas; valorização de produtos e serviços elaborados por negros; criação de espaços, formas e tecnologias exclusivas entre pessoas pretas e com propósitos pretos; ampliação das políticas afirmativas no ensino superior; fortalecimento do Ensino Fundamental e Infantil na rede pública; valorização e difusão da tecnologia ancestral; formulação de editais para incentivo de invenções; ampliação de cursos de letramento digital; investimento em metodologias e formas de produzir baseadas em perspectivas pretas; criação de soluções tecnológicas desenvolvidas por pessoas negras e com propósitos que nos favoreçam a partir de nossa perspectiva; expansão da internet como um bem público e global (sem fronteiras); criação de um futuro tecnológico no contraponto ao capitalismo e colonialismo/imperialismo; concepção de estrutura e acesso à internet públicos; construção do que se entende por inovação pautada na resolução de problemas coletivos, e não focada no individual e no consumo.

Alguns dos itens dessa longa lista podem parecer utópicos. Outros, distantes demais. Alguns, impossíveis. Contudo, é assim que começam iniciativas reais. Com a imaginação. Com o desejo. Com pessoas. Com o passado, presente e futuro entrelaçados. E com o comprometimento com a inovação de quem segura as canetas e tem o poder de transformar realidades.

CANETA, PAPEL E AÇÃO

Tecendo redes de transformação

Como aprendemos com a filosofia ubuntu, "Relaciono-me, logo existo", e a melhor forma de chegar mais longe e produzir mais impacto é ir junto. Sua ideia de legado pode ser a faísca para criar ou mesmo fazer parte de um grupo de afins, seja no seu contexto pessoal ou de trabalho.

1. Identificação de pessoas e redes:
   - Lista de pessoas:
     – Faça uma lista de pessoas que compartilham valores e objetivos semelhantes aos seus. Inclua amigos, familiares, colegas de trabalho, mentores e líderes comunitários que podem contribuir para a realização do seu legado.
   - Lista de organizações e grupos:
     – Identifique organizações, grupos e iniciativas que trabalham em prol dos objetivos que você definiu no mapa dos sonhos ancestrais e no seu plano de ação. Considere ONGs, associações comunitárias, grupos de ativismo e redes profissionais.
2. Envolvimento ativo:
   - Voluntariado:
     – Pense em como você pode se envolver ativamente através de voluntariado. Liste oportunidades específicas onde você pode oferecer seu tempo e habilidades para apoiar as causas que são importantes para você.
   - Participação em eventos:
     – Identifique eventos, workshops, seminários e conferências que estão alinhados com os seus objetivos. Anote as datas e locais desses eventos e planeje participar para se conectar com outras pessoas que compartilham suas paixões.

- Contribuições financeiras:
  - Considere como você pode apoiar financeiramente as iniciativas que são importantes para você. Faça uma lista de organizações que aceitam doações e planeje como você pode contribuir de forma consistente.
3. Exploração de possibilidades:
  - Criação de novas redes:
    - Reflita sobre a possibilidade de criar novas redes ou grupos que ainda não existem. Pense em como você pode reunir pessoas com interesses comuns para trabalhar em prol de um objetivo compartilhado.
  - Colaborações e parcerias:
    - Identifique oportunidades de colaboração e parceria com outras pessoas e organizações. Pense em projetos conjuntos, iniciativas colaborativas e formas de unir forças para alcançar um impacto maior.

Como diz a música do Teatro Mágico: os opostos se distraem, e os dispostos se atraem. Use sua disposição e energia para tecer redes de transformação que ampliem o impacto das suas ações e ajudem a construir um futuro melhor.

Conclusão:
Escrever futuros

Há alguns anos, escrevi um artigo para o *MIT Sloan* que começava com a seguinte provocação: "Qual a mudança que sua caneta alcança?". Naquela ocasião, eu me dirigia a líderes e propunha que eles pensassem de que maneira os compromissos que ocupavam seus dias de trabalho se relacionavam às questões e às urgências de nosso tempo.

Fiz essa pergunta porque segurar essas canetas é, muitas vezes, um processo de imensa responsabilidade que se consolida após passarmos por muitos desafios – como os meus, que você conheceu por meio de minhas histórias e, tenho certeza, como os seus, que provavelmente retornaram à sua memória ao longo desta leitura.

A questão é que, ao fim de todo esse processo, quando finalmente chegamos às posições de liderança, será que ainda nos lembramos de nossas histórias, sonhos e motivações individuais? E, pensando no coletivo, será que, nesse momento, com as atribulações da rotina, conseguimos nos organizar para trabalhar em prol das mudanças que queremos ver no mundo?

Vou além: será, ainda, que temos tempo entre os compromissos da agenda para sequer pensar em quais são as mudanças que queremos ver e em como podemos agir para que elas comecem a se concretizar?

Diante disso, tenho um convite para você: que tal pensar nas mudanças que sua caneta alcançará, a partir de sua ação no hoje? Falo das mudanças que você não vai ver, que não necessariamente beneficiarão seus descendentes, ou os filhos de seus filhos, mas que permitirão que o mundo continue existindo e que o futuro se concretize.

Este é um convite à responsabilização, à reflexão, ao entendimento das consequências de nossos atos, com o que isso traz de bom e de ruim. É um convite para entender que é, sim, possível construir novos futuros e reparar o que precisa ser corrigido no passado. Meu convite é para que você, enquanto um líder do presente, se torne um ancestral do futuro, uma pessoa que, quando pôde, colocou mais um tijolo no pavimento que liga o nosso presente aos futuros que almejamos.

Topar essa proposta exige se desfazer de alguns conceitos que o mundo corporativo nos ensina à exaustão. É trocar individualismo por coletividade, porque só podemos existir de forma interconectada. É trocar a ideia de um tempo linear pela ideia de um tempo circular, em que todo instante guarda potência de ação. É entender o ditado iorubá que diz: "Exu matou um pássaro ontem, com uma pedra que só jogou hoje".

Meu desejo sincero é que, ao fim desta leitura, você adicione algumas perguntas ao seu repertório. Qual é a mudança que minha caneta alcança? Quantos futuros ela pode projetar e quantos passados ela pode redesenhar a partir do meu gesto no presente?

No início deste livro, lá na Introdução, ofereci a você uma das pontas do fio da meada, enquanto lhe chamava para me acompanhar nessa caminhada. Passamos por reflexões sobre teorias, saberes e experiências vividas, que acredito também terem correspondência com sua realidade, seja na vida ou no meio corporativo, lembrando a importância de não esquecermos nossa subjetividade no meio dos processos.

Agora, ao fim de nosso encontro, espero que você crie seus próprios caminhos e conduza outras pessoas ao longo de seus aprendizados, estudos e experiências. Na outra ponta da linha, sempre há outra pessoa disposta a se abrir para novas ideias e aprender. Assim, esse fio do começo de nossa trajetória se multiplica, traça novas trajetórias, guia possíveis reflexões. Em seu emaranhado, cria novas rotas por onde podemos caminhar, passeia por diferentes temporalidades e cria nós de sentido. Inicialmente, pode parecer uma ideia ousada, mas eu acredito em nós.

Para você, que veio até aqui comigo, todo o meu agradecimento. Seguimos juntos, avante!

Agradecimentos

Aos nossos ancestrais, que pavimentaram o caminho até aqui, honrando suas lutas e sonhos.

À minha rede de afetos, cuja presença e amor me sustentaram nos momentos mais desafiadores.

À minha família, pelo apoio incondicional e por serem a base sólida sobre a qual construo meus passos.